新时代中等职业学校新课标公共课配套辅导
新时代中职教育新形态一体化教材

中国特色社会主义学习指导与能力训练

李　萍　编

北京大学出版社
PEKING UNIVERSITY PRESS

图书在版编目(CIP)数据

中国特色社会主义学习指导与能力训练 / 李萍编.

北京 : 北京大学出版社, 2025. 4. -- ISBN 978-7-301-36311-9

Ⅰ. D616

中国国家版本馆 CIP 数据核字第 2025WA6265 号

书　　名	中国特色社会主义学习指导与能力训练 ZHONGGUO TESE SHEHUI ZHUYI XUEXI ZHIDAO YU NENGLI XUNLIAN
著作责任者	李　萍　编
策划编辑	李　虎
责任编辑	于成成
标准书号	ISBN 978-7-301-36311-9
出版发行	北京大学出版社
地　　址	北京市海淀区成府路 205 号　100871
网　　址	http://www.pup.cn　　新浪微博:@北京大学出版社
电子邮箱	编辑部 pup6@pup.cn　总编室 zpup@pup.cn
电　　话	邮购部 010-62752015　发行部 010-62750672　编辑部 010-62750667
印 刷 者	大厂回族自治县彩虹印刷有限公司
经 销 者	新华书店
	889 毫米×1194 毫米　16 开本　10.5 印张　302 千字
	2025 年 4 月第 1 版　2025 年 4 月第 1 次印刷
定　　价	35.00 元

前言

PREFACE

根据《中等职业学校思想政治课程标准(2020年版)》,中等职业学校思想政治课程的教学目标包括:正确认识中华民族近代以来从站起来到富起来再到强起来的发展进程;明确中国特色社会主义制度的显著优势,坚决拥护中国共产党的领导,坚定中国特色社会主义道路自信、理论自信、制度自信、文化自信;认清自己在实现中国特色社会主义新时代发展目标中的历史机遇与使命担当,以热爱祖国为立身之本、成才之基,在新时代新征程中健康成长、成才报国。

为适应当前中等职业(简称中职)学校教育教学改革的需要,并帮助学生更好地学习思想政治课程,我们在综合考虑中职学生的年龄特点、兴趣爱好和实际学习水平的基础上,根据中职学校教科书《思想政治　基础模块　中国特色社会主义》编写了本书,作为与该教材同步的学习指导与能力训练资料。

具体来说,本书具有以下特色。

1.立德树人,润物无声

党的二十大报告指出:“育人的根本在于立德。”本书积极贯彻“育人为本,德育为先”的理念,每课都设置了“素养提升”模块,该模块通过紧贴生活的典型案例引发学生的思考和讨论,旨在使学生领会以改革创新为核心的时代精神,增强创新意识、责任意识,从而树立正确的世界观、人生观、价值观。

2.模块丰富,理实结合

本书精心设计了“单元整体解读”“单元目标聚焦”“知识梳理”“素养提升”“习题演练”等模块。各模块的具体内容如下。

单元整体解读:概括了各单元的学习内容,旨在帮助学生快速学习和理解课程内容,并提高学生的学习能力。

单元目标聚焦:列出了各单元的“知识目标”“能力目标”和“素养目标”,有助于学生明确学习目标与方向,激发其自主学习的动力。

知识梳理:梳理了每课的知识点,有助于学生理清学习思路,把握知识重点,提高学习效率。

素养提升:选取贴合教材内容、学生生活的文章,引导学生在阅读中分析和思考,帮助学生加深对理论知识和我国政治环境的理解,提高思想政治素养。

习题演练:紧扣教材知识点,设置了填空题、选择题、简答题、论述题和材料分析题五种题型,习题的数量与难易程度适中,通过不同题型的练习,帮助学生检查学习效果,巩固所学知识。

3.由浅入深,循序渐进

本书根据学生的认知水平设置题目,确保各单元内容均按照由直观到抽象、由易到难、由简到繁的逻辑顺序编排。这既有利于学生循序渐进地巩固所学内容,又有利于学生在掌握各单元思想政治知识的基础上,锻炼思维能力,学会独立思考。

本书由李萍(周口职业技术学院)负责全书的统稿、编写。

编者在编写本书的过程中,参考了大量的资料,在此向这些资料的作者表示衷心的感谢!因编者水平有限,若书中存在疏漏与不当之处,敬请广大读者批评指正,以便在今后的修订中进一步完善。

编　者

2025 年 1 月

目录
CONTENTS

第一单元

中国特色社会主义的开创、坚持、捍卫、发展

单元整体解读

中华民族是有着五千多年文明史的伟大民族。1840年鸦片战争以后，中华民族遭受了前所未有的劫难。经过长期努力奋斗，中国共产党团结带领全国各族人民为争取民族独立、人民解放和实现国家富强、人民幸福而不懈奋斗，从根本上改变了中国人民和中华民族的前途命运。青少年应深刻认识到走中国特色社会主义道路的历史必然性，坚定中国特色社会主义信念，自觉承担起建设社会主义强国的历史使命，掌握扎实学识，提升实践能力，在实现中国梦的生动实践中放飞青春梦想。

在本单元，我们将了解党如何领导人民创造了新民主主义革命的伟大成就、社会主义革命和建设的伟大成就、改革开放和社会主义现代化建设的伟大成就、新时代中国特色社会主义的伟大成就；掌握毛泽东思想、邓小平理论、“三个代表”重要思想、科学发展观、习近平新时代中国特色社会主义思想的内容和意义；理解只有坚持和发展中国特色社会主义才能实现中华民族伟大复兴；更加坚定中国特色社会主义道路自信、理论自信、制度自信、文化自信。

单元目标聚焦

◆知识目标

(1)明确党带领人民完成新民主主义革命，完成社会主义革命和推进社会主义建设，以及毛泽东思想的创立和发展的历程。

(2)明确开创中国特色社会主义新时代的重大意义，理解习近平新时代中国特色社会主义思想的主要内容和历史地位。

◆能力目标

(1)掌握改革开放的开启、中国特色社会主义道路的开创及中国特色社会主义理论体系

的形成和发展的意义。

(2)学会从宏观历史视角梳理中国特色社会主义道路从开创到发展的完整脉络,提高对历史发展规律的认识和把握能力。

◆素养目标

(1)理解习近平新时代中国特色社会主义思想是党和国家必须长期坚持的指导思想,认同和拥护中国共产党领导和中国特色社会主义制度,坚定中国特色社会主义道路自信、理论自信、制度自信、文化自信。

(2)理解正确的职业理想对国家及人生发展的作用,会根据社会发展需要和自身特点初步确立正确的职业理想和职业观。

第1课 社会主义在中国的确立与探索

知识梳理

一、夺取新民主主义革命伟大胜利

1.新的革命方向和中国共产党的诞生

(1)1917 年,俄国十月革命一声炮响,给中国送来了马克思列宁主义。以 1919 年五四运动为标志,中国工人阶级开始独立登上政治舞台,中国进入了新民主主义革命时期。

(2)1921 年,中国共产党成立,中国革命的面貌从此焕然一新。

2.正确的革命道路和中华人民共和国的成立

(1)中国共产党领导广大人民群众开展艰苦卓绝的革命斗争,经过大革命、土地革命战争、抗日战争和解放战争,彻底推翻了帝国主义、封建主义和官僚资本主义三座大山,夺取了新民主主义革命的伟大胜利。

(2)1949 年 10 月 1 日,中华人民共和国成立。中国实现了民族独立、人民解放,为实现中华民族伟大复兴创造了根本社会条件。

二、完成社会主义革命和推进社会主义建设

1.实现从新民主主义到社会主义的转变

1956 年,社会主义改造基本完成,标志着我国实现了从新民主主义到社会主义的转变。

2.社会主义建设的艰辛探索

从新中国成立到改革开放前夕,党领导人民完成社会主义革命,消灭一切剥削制度,实现

了中华民族有史以来最为广泛而深刻的社会变革，实现了一穷二白、人口众多的东方大国大步迈进社会主义社会的伟大飞跃。

三、创立和发展毛泽东思想

1.毛泽东思想的形成

在革命斗争中，以毛泽东同志为主要代表的中国共产党人，把马克思列宁主义基本原理同中国具体实际相结合，对经过艰苦探索、付出巨大牺牲积累的一系列独创性经验作了理论概括，开辟了农村包围城市、武装夺取政权的正确革命道路，创立了毛泽东思想，为夺取新民主主义革命胜利指明了正确方向。

2.毛泽东思想的主要内容和历史地位

毛泽东思想主要包括新民主主义革命理论、社会主义革命和社会主义建设理论、革命军队建设和军事战略的理论、政策和策略的理论、思想政治工作和文化工作的理论、党的建设理论等内容。

毛泽东思想是马克思列宁主义在中国的创造性运用和发展，是被实践证明了的关于中国革命和建设的正确的理论原则和经验总结，是马克思主义中国化的第一次历史性飞跃。

素养提升

“长征草”见证长征精神

80多年前，由中国共产党领导的工农红军历时两年，跨越万水千山，最终实现了战略大转移，胜利走完长征路。长征途中，除了面对国民党反动势力的“围追堵截”，红军将士还需战胜极端恶劣的自然环境，经受饥寒伤病折磨的严峻考验。

在所有的艰难中，饥饿是红军将士最大的威胁。由于所在的藏区人口稀少，产粮不多，红军很快就陷入断粮的绝境。

为了能够走出草地，红军将士想尽了各种办法。在食物极度缺乏之时，草地里的野菜、草根、树皮等就成了红军将士重要的充饥之物。有人回忆，好点的野菜，比如灰灰菜、牛耳大黄已被先头红军吃尽，走在后面的二七九团只能吃茅草根、芦苇根，喝盐巴水。然而，吃野菜也是有风险的，有时甚至是生命危险。有的战士饿得饥不择食，见到野菜就采，食物中毒时有发生。为此，营党委提出让党员先品尝，明确一个党小组品尝一种野菜，试吃后作为标本下发部队。某连队副指导员带头试吃后中毒倒下，竟再也没能爬起来。

朱德总司令在听说这件事情后，立即带领多名同志制作野菜标本，并亲自拿着标本给大家讲解：“挖野菜的时候，一定要看清楚，哪些能吃，哪些有毒，千万不要搞错了。只要我们大家小心，挺住，就一定能渡过难关，走出草地！”

难得的是，这些“救命的野草”在今天并未完全绝迹。在中国国家博物馆中，便保存有两株当年红军长征过草地时的野菜标本。这是一种开着黄花的小草，战士们当年给它取名叫

“黄花草”。它本来是有毒的，但经过反复烧煮后毒性可以减弱，大量食用后会出现胃胀、拉绿水、手脚发肿、浑身无力的现象，但没有生命危险，红军过草地时可以用它充饥。1936 年，在葛曲河畔，刘毅和几个战友一起采了黄花草充饥，并将其带出草地，取名“长征草”。后来，刘毅将“长征草”捐献给中国革命历史博物馆(现中国国家博物馆)，这两株干枯脆弱的野菜标本便成为见证红军长征精神和革命历史的重要文物。

【思考】

艰苦的草地行军，磨炼了红军将士不怕牺牲、百折不挠的革命意志，坚定了他们对中国革命事业必胜的信念。新中国的诞生，是无数革命先烈以鲜血浇灌、用生命铸就而成的。在新时代的漫漫征途中，青少年应当如何传承红色基因、赓续长征精神？

习题演练

一、填空题

1.以 1919 年五四运动为标志，____________开始独立登上政治舞台，中国进入了____________。

2.1921 年，在中国人民和中华民族的伟大觉醒中，在马克思列宁主义同中国工人运动的紧密结合中，________应运而生。

3.中国共产党一经成立，就把____________作为党的最高理想和最终目标，把____________、____________确立为自己的初心使命。

4.中华人民共和国的成立，实现了________、________，彻底结束了旧中国半殖民地半封建社会的历史。

5.1953 年，中国共产党正式提出过渡时期的总路线，即在一个相当长的时期内，逐步实现国家的社会主义工业化，并逐步实现国家对________、________和____________的社会主义改造。

6.毛泽东思想是马克思列宁主义在中国的创造性运用和发展，是被实践证明了的关于中国革命和建设的正确的理论原则和经验总结，是________________的第一次历史性飞跃。

7.毛泽东思想的活的灵魂是贯穿于各个组成部分的立场、观点、方法，体现为________、________、________三个基本方面。

二、选择题

1.中国共产党团结带领中国人民，自力更生、发愤图强，创造了社会主义革命和建设的伟大成就。下列说法错误的是(　　)。

①中华人民共和国的成立标志着社会主义制度在中国基本确立

②三大改造的实质是变革旧的生产关系，解除其对生产力的束缚

③社会主义建设的探索，为开创中国特色社会主义奠定了重要基础

④党的成立确定把党和国家的工作重点转移到社会主义现代化建设上来

A.①②　　B.②③　　C.①④　　D.③④

2.社会主义基本制度在中国全面确立的标志是(　　)。

A.中华人民共和国的建立　　B.社会主义三大改造的完成

C.西藏和平解放　　D.大陆全面解放

3.从鸦片战争到五四运动,近 80 年中,中国逐步成为半殖民地半封建社会,国家蒙辱、人民蒙难、文明蒙尘,中华民族遭受了前所未有的劫难,无数仁人志士为了挽救民族危亡进行了不屈不挠的抗争。太平天国运动、戊戌变法、义和团运动、辛亥革命接连而起,各种救国方案轮番出台,为改变国家命运进行了艰难探索,但都失败了。材料表明(　　)。

①资产阶级革命不能给中国带来任何进步和发展

②资本主义道路在中国走不通

③中国迫切需要新的政治组织引领救亡运动

④中国的封建势力过于强大

A.①②　　B.①④　　C.②③　　D.③④

4.中国共产党在中国革命中战胜敌人的三大法宝是(　　)。

A.统一战线、武装斗争、党的建设　　B.伟大斗争、伟大工程、伟大事业

C.解放思想、实事求是、与时俱进　　D.劳模精神、劳动精神、工匠精神

5.关于社会主义改造说法正确的是(　　)。

①社会主义改造的基本完成,使我国的经济结构发生根本变化

②社会主义改造的基本完成,使我国的阶级关系发生根本变化

③社会主义改造的基本完成,表明我国的一切剥削现象都已经被消灭

④社会主义改造的基本完成,表明社会主义制度已经基本确立

A.①②④　　B.②③④　　C.①②③　　D.②③

6.中国的近代史可以说是中国的耻辱史,从 1840 年鸦片战争开始,中国频频遭到列强的欺凌,被迫签订了许多丧权辱国的不平等条约。由此可见,近代中国的基本国情是(　　)。

①帝国主义的入侵打断了中国从封建社会向资本主义社会发展的正常进程

②资本主义经济缓慢发展,逐步走上了现代化的道路

③中国仍然是独立的封建制国家

④中国逐步成为半殖民地半封建社会

A.②③　　B.①④　　C.①②　　D.③④

7.1921 年 8 月 3 日在嘉兴南湖的画舫内,气氛庄重肃穆,在“中国共产党万岁”的低声呼喊中,“中国共产党从这里诞生,从这里走向全国”。中国共产党的诞生(　　)。

①对“如何实现共产主义”等根本问题给出了正确答案

②是中国旧民主主义革命走向新民主主义革命的转折点

③使饱经苦难的中国人民有了信赖的组织者和领导者

④深刻地改变了近代以后中华民族发展的方向和进程

A.①②　　B.①④　　C.②③　　D.③④

8.1956 年全国高考的作文题是《我生活在幸福的年代里》,下列事件不可能发生在这个“幸福的年代里”的是(　　)。

A.我国进入社会主义社会　　B.中国特色社会主义成功开启

C.社会主义制度基本确立　　D.社会主义三大改造仍在进行

9.在历史长河中,总有一些标志性事件凝结着人类的光荣与梦想,昭示着历史前进的方向,成为民族发展、人类社会进步的里程碑。1921 年 7 月,中国共产党诞生,这是中国历史上开天辟地的大事变。中国共产党诞生的意义有(　　)。

①实现了新民主主义向社会主义的过渡

②中国革命面貌从此焕然一新,逐步走向民族独立和人民解放

③是马克思主义同中国工人运动相结合的产物

④中国人民在实现国家独立与富强的斗争中有了主心骨

A.①②　　B.①③　　C.②④　　D.③④

10.“一唱雄鸡天下白。”1949 年 10 月 1 日,第一面五星红旗在天安门广场升起,中国人民从此站起来了,中国发展从此开启了新纪元。七十五载发愤图强,中华民族伟大复兴展现出前所未有的光明前景。这表明新中国成立(　　)。

①从根本上改变了中国社会的发展方向

②实现了马克思主义中国化的第一次历史性飞跃

③实现了中华民族有史以来最为广泛而深刻的社会变革

④为实现国家富强、民族复兴展示了美好前景和现实道路

A.①②　　B.①④　　C.②③　　D.③④

三、简答题

1.简述社会主义在中国确立的过程。

2.谈谈中国在社会主义探索中取得的重大成就及其意义。

3.简述毛泽东思想的主要内容。

4.作为一名中职生,你从社会主义在中国的确立和探索中能学到什么?

四、论述题

结合实际,谈谈社会主义在中国的确立和探索对当代中国发展的启示。

五、材料分析题

1.阅读下列材料,并按要求作答。

材料1:毛泽东曾说,到了1920年夏天,在理论上,而且在某种程度的行动上,我已成为一个马克思主义者了。

材料2:经过28年浴血奋战和顽强奋斗,中国共产党领导中国各族人民,终于在1949年夺取了新民主主义革命的伟大胜利。新民主主义革命的胜利标志着中国100多年屈辱和分裂的历史从此结束,人民期盼已久的独立、统一的新民主主义的新中国即将诞生;同时,改变了世界政治格局,壮大了世界和平民主和社会主义的力量,鼓舞了世界被压迫民族和人民解放斗争的士气;更重要的是马克思主义在中国的胜利,是马克思列宁主义基本原理同中国革命的具体实践相结合的毛泽东思想的胜利。

结合材料1、2,请运用所学知识,分析新民主主义革命取得伟大胜利的原因。

2.阅读下列材料,并按要求作答。

材料1:近代以来,中华民族在西方列强坚船利炮的逼近下,坠入屈辱、彷徨与困惑之中。为挽救民族危机,无数仁人志士不断探索救国道路,分别走过了被称为"自救之路""维新之路"和"共和之路"的洋务运动、戊戌变法和辛亥革命,但这些都没有完成反帝反封建的历史使命,探索中国复兴之路仍然任重道远。

材料2:1927年,南昌起义、秋收起义后,中国共产党人深刻地认识到苏俄式革命道路在中国行不通,经过艰难探索,中国共产党终于找到了一条使中国走向民族独立和人民解放的正确革命道路,取得了新民主主义革命的伟大胜利,成立了中华人民共和国。

结合材料,运用所学知识,简述新中国成立的历史意义。

第2课　中国特色社会主义的开创和发展

知识梳理

一、进行改革开放和社会主义现代化建设

1.改革开放的开启和中国特色社会主义道路的开创

(1)1978年12月,中国共产党召开十一届三中全会,作出把党和国家工作中心转移到经济建设上来、实行改革开放的历史性决策,开启了改革开放和社会主义现代化建设新时期。

(2)1987年,党的十三大指出我国正处于社会主义初级阶段,党在这个阶段的基本路线是:"领导和团结全国各族人民,以经济建设为中心,坚持四项基本原则,坚持改革开放,自力更生,艰苦创业,为把我国建设成为富强、民主、文明的社会主义现代化国家而奋斗。"

2.改革开放的持续推进和中国特色社会主义道路的发展

1992年,邓小平发表南方谈话,从理论上深刻回答了长期困扰和束缚人们思想的许多重大问题。党的十四大确立了社会主义市场经济的改革方向,更大程度更广范围发挥市场在资源配置中的基础性作用。我国改革开放和社会主义现代化建设事业进入新的发展阶段。

二、形成中国特色社会主义理论体系

1.邓小平理论

党的十一届三中全会以后,以邓小平同志为主要代表的中国共产党人,团结带领全党全国各族人民,深刻总结新中国成立以来正反两方面经验,围绕什么是社会主义、怎样建设社会主义这一根本问题,借鉴世界社会主义历史经验,创立了邓小平理论。

2."三个代表"重要思想

党的十三届四中全会以后,以江泽民同志为主要代表的中国共产党人,团结带领全党全国各族人民,坚持党的基本理论、基本路线,加深了对什么是社会主义、怎样建设社会主义和建设什么样的党、怎样建设党的认识,形成了"三个代表"重要思想。

3.科学发展观

党的十六大以后,以胡锦涛同志为主要代表的中国共产党人,团结带领全党全国各族人民,在全面建设小康社会进程中推进实践创新、理论创新、制度创新,深刻认识和回答了新形势下实现什么样的发展、怎样发展等重大问题,形成了科学发展观。

素养提升

敢为人先！——用大胆地试、勇敢地改开拓时代

在中国国家博物馆中珍藏着18枚红手印，这是小岗村18位农民按下的。当时谁都没有想到，那个秘密按下手印的深夜，竟成为点亮农村改革之火的历史性时刻。40多年来，“红手印”的故事无数次被提及，人们用“农民最质朴而坚决的表达”或“平地起惊雷”来形容这个故事。

就在小岗人秘密按下“红手印”一年多后，又一场“秘密”行动在中国另一个偏远小山村进行，地点是广西河池合寨大队果作屯的一棵大樟树下。在果作屯，包括周围的果地屯，村民们用卷烟纸做选票，用米筒当选票箱，用一块木炭在晒谷场上写下一个个“正”字……伴随着韦焕能等人的当选，一个新的名词——“村民委员会”（简称“村委会”）在中国大地诞生。两年后，这件当时果作屯村民口中“别让大队知道”的事，被称为“村民自治”，其成为中国特色基层民主制度最广泛的实践形式之一。2017年8月，合寨村村委会换届选举也在大樟树下完成，这棵树龄超过300年的大樟树，见证了合寨村村民自治的历史进程。

改革，这个理念如今早已深入人心，但在40多年前，这是一场划时代的思想解放。不少改革先行者，一路从饱受争议、荆棘丛生中走来，人生也因为一段以“改革”标注的岁月而变得传奇。

1979年，曾因“投机倒把”遭处理的郑举选，带着仅有的15元钱回到武汉汉正街，领到汉正街首批个体工商户执照。短短几年间，销售额连创第一。从最初只能卖针头线脑等小百货，到可以卖童装，再到可以卖扣式电池……以郑举选为代表的汉正街个体户们率先突破各种限制，一点点拉开全国商品流通体制改革的大幕。如今，中国市场主体已经超过“亿户”，郑举选这段往事让人百感交集。而这位拥有敏锐商业眼光的改革者，因为幼时的一场天花，成为一位盲人，所以被人们称为“盲侠”。

时间积淀越久，对细节了解越多，越惊叹搏击于改革开放初期的那些敢闯敢试、敢为人先的事迹。即使其中一幕幕早已耳熟能详，但无论多少次提及都会动人心魄。岁月可以让人白头，但唤醒时代的精神永远朝气蓬勃。

【思考】

广大青年既是改革开放的见证者和受益者，也是将改革开放进行到底的参与者和贡献者。改革开放已走过千山万水，但仍需跋山涉水。作为全面深化改革开放的强大生力军，青年应该如何弘扬敢闯敢试、敢为人先的改革精神？

习题演练

一、填空题

1.1978年12月，中国共产党召开十一届三中全会，作出把党和国家工作中心转移到__________上来、实行__________的历史性决策。

2.我国改革从农村实行________________率先突破，逐步转向城市经济体制改革并全面铺开。

3.1992 年，邓小平发表____________，从理论上深刻回答了长期困扰和束缚人们思想的许多重大问题。

4.邓小平理论是在____________成为时代主题的历史条件下，在我国改革开放和现代化建设的实践中，逐步形成和发展起来的。

5.1987 年，党的十三大指出我国正处于________________________。

6.“三个代表”重要思想是对马克思列宁主义、毛泽东思想和____________的继承和发展，是中国特色社会主义理论体系的重要组成部分。

7.科学发展观，是立足____________________________基本国情，总结我国发展实践，借鉴国外发展经验，适应新的发展要求提出来的。

8.1982 年，邓小平在党的____________开幕词中响亮提出：“把马克思主义的普遍真理同我国的具体实际结合起来，走自己的道路，建设有中国特色的社会主义。”

二、选择题

1.(　　)被誉为中国改革开放和现代化建设的“总设计师”。

A.江泽民　　B.邓小平

C.周恩来　　D.毛泽东

2.党的十三届四中全会以后，以(　　)同志为主要代表的中国共产党人，形成了“三个代表”重要思想。

A.毛泽东　　B.邓小平

C.胡锦涛　　D.江泽民

3.改革开放以来，中国共产党所有的理论创新在本质上具有一致性。其根本原因在于这些重大理论成果(　　)。

A.是在不同时期提出的，在主题上有一定差异性

B.都立足国情，为实现“站起来”提供理论指导

C.实现了科学社会主义从理论到现实的历史性飞跃

D.都围绕着中国特色社会主义的主题

4.歌曲《春天的故事》歌颂了邓小平同志的丰功伟绩，歌词“一九七九年，那是一个春天，有一位老人在中国的南海边画了一个圈”指的是(　　)。

A.实行民族区域自治　　B.制定初级阶段的基本路线

C.推行家庭联产承包责任制　　D.建立经济特区，实行对外开放

5.改革开放以来，中国共产党在实践探索中取得了一系列理论创新成果，这些成果按照时间顺序排列正确的是(　　)。

①邓小平理论　②科学发展观　③“三个代表”重要思想　④毛泽东思想

A.①—③—②　　B.④—①—②—③

C.①—②—③　　D.④—①—③—②

6.深圳从一个小渔村到一个灯火通明、热闹非凡的大都市,40 年来,一座座高楼拔地而起,高科技企业迅速发展,成为全国领先的创新型城市,成为中国改革开放的象征。这说明(　　)。

①我国改革开放进入了新的发展阶段

②没有改革开放就没有中国经济的腾飞

③改革开放是我国人民赶上时代的重要法宝

④从农村转向城市是我国改革迈出的重要步伐

A.①②　　B.①④　　C.③④　　D.②③

7.在当代中国,坚持和发展中国特色社会主义,就是真正坚持社会主义。为此,我们要(　　)。

①始终高举中国特色社会主义伟大旗帜

②坚定道路自信、理论自信

③坚定制度自信、文化自信

④成功把中国特色社会主义推向 21 世纪

A.①②③　　B.①②④　　C.①③④　　D.②③④

8.某班开展了以“改革开放进程中取得的理论创新成果”为主题的研究性学习活动,同学们通过学习加深了对这一主题相关知识的了解。下列相关说法正确的是(　　)。

①改革开放以来,党的全部理论与实践都是围绕社会主义主题展开的

②这一系列理论创新成果是马克思列宁主义与中国具体国情相结合的产物

③这一系列理论创新成果是包括毛泽东思想在内的马克思主义中国化时代化的成果

④中国特色社会主义具有鲜明的实践特色、民族特色和时代特色

A.①②　　B.①③　　C.②④　　D.③④

9.党的十一届三中全会停止使用“以阶级斗争为纲”的口号,决定将全党的工作重点转移到社会主义现代化建设上来。全会指出,对经济管理体制和经营管理方法进行认真的改革,在自力更生的基础上积极发展同世界各国平等互利的经济合作。由此可见,党的十一届三中全会的召开(　　)。

①标志着中国改革的重点由城市转向农村、由政治转向经济

②提出应首先改革上层建筑中不适应生产关系的环节

③开启了改革开放和社会主义现代化建设新时期

④重新确立了马克思主义的思想路线、政治路线和组织路线

A.①②　　B.①③　　C.②④　　D.③④

10.党的十一届三中全会实现了中华人民共和国成立以来党的历史上具有深远意义的伟大转折。下列选项能证明上述论断的是(　　)。

①开启了改革开放和社会主义现代化建设新时期

②重新确立了马克思主义的思想路线、政治路线和组织路线

③使中国进入了社会主义初级阶段

④中国改革的重点从农村转向城市,企业改革迈出重要步伐

A.①②　　B.①④　　C.②③　　D.③④

三、简答题

1.简述党在社会主义初级阶段的基本路线。

2.简述“三个代表”重要思想的具体内容。

3.简述科学发展观的科学内涵和精神实质。

四、论述题

结合实际，谈谈全党全国各族人民应如何肩负起以中国式现代化全面推进中华民族伟大复兴的使命任务。

五、材料分析题

1.阅读下列材料，并按要求作答。

材料1：鞋子合不合脚，自己穿了才知道。一个国家的发展道路合不合适，只有这个国家的人民才最有发言权。各国国情不同，每个国家的发展道路都是独特的，都是由这个国家的人民决定的，都是在这个国家历史传承、文化传统、经济社会发展的基础上长期发展的结果。

材料2：中华人民共和国成立特别是改革开放以来，我们用几十年的时间走完西方发达国家几百年走过的工业化历程，创造了经济快速发展和社会长期稳定的奇迹。中国人民的长期实践有力证明，中国特色社会主义是实现中华民族伟大复兴的必由之路，这既是深刻的历史启示，也是宝贵的成功经验。

结合材料，根据所学内容，回答下列问题。

(1)说一说，“鞋子合不合脚，自己穿了才知道”蕴含了什么道理？

(2)为什么说中国特色社会主义是实现中华民族伟大复兴的必由之路?

2.阅读下列材料,并按要求作答。

改革开放40多年来,中国共产党始终坚持解放思想、实事求是、与时俱进、求真务实,坚持马克思主义指导地位不动摇,坚持科学社会主义基本原则不动摇,不断推动中国特色社会主义的创立、发展和完善,赋予中国特色社会主义以鲜明的实践特色、民族特色、时代特色,形成了中国特色社会主义道路、理论、制度、文化,以不可辩驳的事实彰显了科学社会主义的鲜活生命力,社会主义的伟大旗帜始终在中国大地上高高飘扬!

结合材料,简要说明改革开放以来中国共产党如何成功开创中国特色社会主义。

第3课 中国特色社会主义进入新时代

知识梳理

一、开创中国特色社会主义新时代

1.我国发展新的历史方位

党的十八大以来,中国特色社会主义进入新时代,这是我国发展新的历史方位。

2.历史性成就和历史性变革

党的十八大以来,以习近平同志为核心的党中央团结带领全党全军全国各族人民,坚持马克思列宁主义、毛泽东思想、邓小平理论、“三个代表”重要思想、科学发展观,全面贯彻习近平新时代中国特色社会主义思想,全面贯彻党的基本路线、基本方略,采取一系列战略性举措,推进一系列变革性实践,实现一系列突破性进展,取得一系列标志性成果,经受住了来自政治、经济、意识形态、自然界等方面的风险挑战考验,党和国家事业取得历史性成就、发生历史性变革,推动我国迈上全面建设社会主义现代化国家新征程。

3.以中国式现代化全面推进中华民族伟大复兴

新时代新征程,中国共产党的中心任务就是团结带领全国各族人民全面建成社会主义现代化强国、实现第二个百年奋斗目标,以中国式现代化全面推进中华民族伟大复兴。

二、创立习近平新时代中国特色社会主义思想

1.系统科学的理论体系

党的十八大以来,以习近平同志为主要代表的中国共产党人,坚持把马克思主义基本原理同中国具体实际相结合、同中华优秀传统文化相结合,科学回答了新时代坚持和发展什么样的中国特色社会主义、怎样坚持和发展中国特色社会主义等重大时代课题,创立了习近平新时代中国特色社会主义思想。

2.民族复兴的行动指南

习近平新时代中国特色社会主义思想是中华文化和中国精神的时代精华,实现了马克思主义中国化时代化新的飞跃。党确立习近平同志党中央的核心、全党的核心地位,确立习近平新时代中国特色社会主义思想的指导地位,反映了全党全军全国各族人民共同心愿,对新时代党和国家事业发展、对推进中华民族伟大复兴历史进程具有决定性意义。

素养提升

了不起的时代，了不起的人民

“每个人都了不起！”在辞别2020年、开启2021年的新年贺词中，习近平总书记由衷地表达敬意：“我为伟大的祖国和人民而骄傲，为自强不息的民族精神而自豪！”

“了不起”三个字背后，是无数的时代面孔。

在新成昆铁路的建设工地上，20位青年党员给总书记写了封信。他们承担的任务，是全线最长、难度最高的小相岭隧道建设。五六十年前，他们很多人的父亲或爷爷参加了老成昆铁路的攻坚，同样在难度最大的沙木拉达隧道建设中，创造了世界铁路建设史上的奇迹。新铁路的筑就，又将为沿线人民脱贫致富开辟一条新通道。一代代人热血传承，令习近平总书记感慨万千。

内蒙古赤峰市小庙子村是个不起眼的村庄。村支书赵会杰，从20多年前嫁到村里的媳妇，成长为脱贫致富带头人。村里从种玉米到种胡萝卜再到种中草药，从农户自己摸索再到走上“党支部+合作社+产业党员+农户”的路。赵会杰想不到，她能有一天作为全国人大代表，和总书记一起讨论国家大事。她发言时，总忍不住掉泪，她所在的村庄，“像中国千千万万个乡村一样”，正在这个时代蓬勃生长。

彭艺是贵州毕节市黔西市化屋村土生土长的苗家子弟。在乌蒙山腹地，群山阻隔、险流环绕，小时候，她是沿着“手扒岩”爬出去上学的。上大学，也是靠社会资助完成学业的。研究生毕业后，她毅然回乡创业，成了扶贫车间的蜡染老师。习近平总书记来到化屋村时，正遇上她在扶贫车间忙活，她要带着村里人把传统服饰卖出大山，让乡亲们脱贫致富。走出大山，回到大山，改变大山，一方土地的命运正在被改写。

…………

新时代是奋斗者的时代。习近平总书记的目光，始终关注着人。他相信，脱贫攻坚的深远影响，是激发出人民群众强大的内生动力，是未来中国行稳致远的坚强根基。习近平总书记不止一次讲，中国要飞得高、跑得快，就要汇集和激发14亿人民的磅礴力量。而脱贫攻坚，将形成一场当代中国最广泛的社会动员，凝聚起各方参与的强大合力。

摆脱贫困，几代人接力奋斗，挥就这份纵贯千年的历史答卷。在这份脱贫攻坚战的答卷里，有亿万人民汇集起的磅礴之力，有中国的昨天、今天和明天。

习近平总书记说，脱贫摘帽不是终点，而是新生活、新奋斗的起点。“我们通过奋斗，披荆斩棘，走过了万水千山。我们还要继续奋斗，勇往直前，创造更加灿烂的辉煌！”

【思考】

总书记关于脱贫攻坚的重要论述，宣示了一个强烈信念，在实现中华民族伟大复兴的新征程中，我们依然任重道远，必须乘势而上、再接再厉、接续奋斗。作为新时代青年，我们应该如何在巩固脱贫攻坚成果中贡献自己的青年力量？

习题演练

一、填空题

1.新时代新征程,党的中心任务就是团结带领全国各族人民,全面建成社会主义现代化强国、实现第二个百年奋斗目标,以＿＿＿＿＿＿全面推进中华民族伟大复兴。

2.党的十九大、十九届六中全会提出的“十个明确”＿＿＿＿＿＿“十三个方面成就”概括了习近平新时代中国特色社会主义思想的主要内容。

3.中国特色社会主义进入新时代,我国社会主要矛盾转化为人民日益增长的美好生活需要和＿＿＿＿＿＿＿＿＿＿之间的矛盾。

4.改革开放以来,中华民族迎来了从站起来、富起来到＿＿＿＿＿＿的伟大飞跃。

5.经过新时代的伟大变革,全国人民更加坚定中国特色社会主义＿＿＿＿＿＿＿、理论自信、＿＿＿＿＿＿、文化自信。

6.中国式现代化是人口规模巨大的现代化,是＿＿＿＿＿＿＿＿＿＿的现代化,是物质文明和精神文明相协调的现代化,是人与自然和谐共生的现代化,是走＿＿＿＿＿＿＿＿＿＿道路的现代化。

7.习近平新时代中国特色社会主义思想,涵盖＿＿＿＿＿、内政外交国防、＿＿＿＿＿＿等各个领域、各个方面。

二、选择题

1.新时代,是承前启后、继往开来、在新的历史条件下继续夺取中国特色社会主义伟大胜利的时代。高一年级拟以“畅想新时代”为主题,开展年级征文活动。围绕这一主题,认识正确的是(　　)。

①中国特色社会主义进入新时代是我国发展新的历史方位

②新时代实现了中华民族从“东亚病夫”到站起来的飞跃

③新时代是我国奋力实现中华民族伟大复兴中国梦的时代

④新时代促使广大发展中国家的现代化发展模式高度统一

A.①②　　B.①③　　C.②④　　D.③④

2.习近平总书记在江西考察时强调,要深化对内对外开放,以开放促发展,打造内陆地区改革开放高地,主动服务和融入新发展格局。对此,下列解读正确的是(　　)。

①持续推进改革开放是当前江西的中心任务

②改革是江西进行社会主义改造的必由之路

③这为江西全面深化改革开放指明了方向

④改革开放是江西高质量发展的重要法宝

A.①②　　B.①③　　C.②④　　D.③④

3.中国特色社会主义进入新时代,意味着近代以来久经磨难的中华民族迎来了从站起来、富起来到强起来的伟大飞跃,迎来了实现中华民族伟大复兴的光明前景。下列观点符合材料主旨的是(　　)。

①新时代是全面建设社会主义现代化强国的时代

②新时代是逐步实现全体人民共同富裕的时代

③新时代是我国成为世界领导核心的时代

④新时代是我国不断为人类作出更大贡献的时代

A.①② B.①③ C.②④ D.③④

4.中国式现代化一不靠战争,二不靠殖民,三不靠掠夺,而是坚持和平、发展、合作、共赢,破解了人类社会发展的诸多难题,打破了“现代化=西方化”的宣传误区,创造了人类文明新形态。中国式现代化给广大发展中国家的启示是( )。

①坚持独立自主,结合本国历史和现实选择自己的发展道路

②走出文明误区,认真分析和借鉴中国式现代化的成功经验

③认清西化实质,尽力摆脱资本对剩余价值的剥夺和贪婪追求

④肯定中国智慧,认识到中国式现代化能超越国家、超越文明

A.①② B.①④ C.②③ D.③④

5.习近平新时代中国特色社会主义思想在中国共产党第十九次全国代表大会上作为党的指导思想写入党章。习近平新时代中国特色社会主义思想,是马克思主义中国化时代化最新成果,是党和人民实践经验和集体智慧的结晶,是全党全国各族人民为实现中华民族伟大复兴而奋斗的行动指南,必须长期坚持并不断发展。习近平新时代中国特色社会主义思想( )。

①是中国特色社会主义理论体系的重要组成部分

②为发展中国家走向现代化提供了具体方案

③体现了中国制度自信,是中国制度优越性的重要保障

④明确了中国特色社会主义最本质的特征是中国共产党的领导

A.②③ B.①③ C.②④ D.①④

6.一百多年来,中国共产党正是在不断攀登新的思想高峰中开拓通向真理的道路,在实践创造中进行文化创造,在历史进步中实现文化进步。2023年10月,全国宣传思想文化工作会议召开,会议最重要的成果就是首次提出了习近平文化思想。习近平文化思想( )。

①丰富和发展了马克思主义文化理论

②概括了新时代坚持和发展中国特色社会主义的基本方略

③标志着我们党对中国特色社会主义文化建设规律的认识达到了新高度

④是支撑习近平新时代中国特色社会主义思想的“四梁八柱”

A.①③ B.①④ C.②③ D.②④

7.习近平总书记指出:“人民性是马克思主义的本质属性,党的理论是来自人民、为了人民、造福人民的理论,人民的创造性实践是理论创新的不竭源泉。”习近平新时代中国特色社会主义思想蕴含的人民观,坚持历史唯物主义的基本原理,在新时代中国特色社会主义实践中丰富发展了马克思主义人民观。由此可见,习近平新时代中国特色社会主义思想( )。

①为发展马克思主义作出了原创性贡献

②是实现中华民族伟大复兴的行动指南

③最为核心和关键的组成部分是人民观

④是人民的理论和不断发展开放的理论

A.①③ B.①④ C.②③ D.②④

8.思想是行动的先导,理论是实践的指南。中共中央政治局常委、国务院副总理丁薛祥指出,科学理论就像一面旗帜,旗帜立起来了,团结奋斗才有目标和方向。我们必须用习近平新时代中国特色社会主义思想指引团结奋斗的正确方向。我们必须坚持习近平新时代中国特色社会主义思想,是因为这一思想( )。

①不断引领时代前进,是新时代精神的精华

②实现了马克思主义同中国实际的最高结合

③在指导实践、推动实践发展中展现出强大真理力量

④引领中国革命胜利并推动中国特色社会主义进入新时代

A.①④ B.①③ C.②③ D.③④

9.作为马克思主义在当代中国、在21世纪的理论形态,习近平新时代中国特色社会主义思想推动马克思主义中国化时代化实现了重大发展,指引中国特色社会主义进入了新时代,从理论与实践的结合上科学回答了中国之问、世界之问、人民之问、时代之问。可见,习近平新时代中国特色社会主义思想( )。

①充分展现了强大的真理力量和实践伟力

②在新形势下成功开创和发展了中国特色社会主义

③是回答时代之问的科学理论和长期坚持的指导思想

④实现了中华民族有史以来最为广泛而深刻的社会变革

A.①② B.①③ C.②④ D.③④

三、简答题

1.“中国式现代化”是一种什么样的现代化?

2.习近平新时代中国特色社会主义思想涵盖哪些内容?

3.“两个一百年”奋斗目标是什么？

4.党的二十大报告指出：十年来，我们经历了对党和人民事业具有重大现实意义和深远历史意义的三件大事。这三件大事分别是什么？

四、论述题

结合实际，谈谈中国特色社会主义进入新时代，青年学生应该如何肩负起历史使命。

五、材料分析题

1.阅读下列材料,并按要求作答。

1921 年,中国共产党诞生并肩负起领导中国人民实现民族复兴的历史使命,经过 28 年浴血奋战和顽强奋斗,中国共产党领导全国各族人民在 1949 年建立了中华人民共和国,实现了民族独立和人民解放,中国人民从此站了起来。党的十一届三中全会之后,通过改革开放,神州大地焕发出无限生机活力,经济快速发展,人民生活不断改善,中国人民从此富了起来。党的十八大以来,在以习近平同志为核心的党中央领导下,中国的改革开放再次提速,推动党和国家事业发生历史性变革,中国开始迈入"强起来"的新时代,中华民族正以崭新姿态屹立于世界的东方。

结合材料和所学知识,说说中国特色社会主义进入新时代是一个怎样的时代。

2.阅读下列材料,并按要求作答。

回顾我们党一百多年的奋斗历程,我们党之所以能够历经考验磨难长盛不衰,其中最重要的一点就是不断进行理论创新和实践创新,把马克思主义与中国具体实际相结合,找到了适合我国的正确道路,不断推进马克思主义中国化,并将最新的理论创新成果确定为党的指导思想和行动指南,指导党和人民在革命、建设和改革中取得了举世瞩目的伟大成就。

结合材料,运用教材中相关知识,说明中国共产党自成立以来进行了哪些实践创新,探索适合自己的正确道路。

第二单元

中国特色社会主义经济建设

单元整体解读

中国特色社会主义经济建设是新时代推进中国特色社会主义事业“五位一体”总体布局的重要内容，是满足人民日益增长的美好生活需要的物质基础，是实现中华民族伟大复兴的重要保障。实现“两个一百年”奋斗目标、实现中华民族伟大复兴的中国梦，不断提高人民生活水平，必须坚定不移把发展作为党执政兴国的第一要务，坚持解放和发展社会生产力，坚持社会主义市场经济改革方向，推动经济持续健康发展。

在本单元，我们将深入了解社会主义基本经济制度，感悟社会主义基本经济制度的优越性；了解经济转向高质量发展阶段和深化供给侧结构性改革的意义，理解创新、协调、绿色、开放、共享的新发展理念，领悟加快建设创新型国家的重要性；懂得开放带来进步、封闭必然落后的道理。

单元目标聚焦

◆知识目标

(1) 了解我国的社会主义基本经济制度和分配制度，感悟社会主义基本经济制度的优越性。

(2) 理解我国经济实现高质量发展的途径；了解全面对外开放的意义。

◆能力目标

(1) 能识别各种经济成分和所有制性质，全面认识市场配置资源的优缺点。

(2) 增强跨文化交流能力，积极适应经济全球化环境下的国内国际新环境，增强抗挫折能力。

◆素养目标

(1) 能够树立并贯彻新发展理念，懂得开放带来进步、封闭必然落后的道理。

(2) 感受中国经济发展的成就，增强对中国特色社会主义道路的政治认同，拥护我国对外开放基本政策，增强民族自信，激发爱国热情。

第4课 社会主义基本经济制度

知识梳理

一、公有制为主体、多种所有制经济共同发展

1.我国的生产资料所有制

在社会主义初级阶段,我国坚持以公有制为主体、多种所有制经济共同发展的生产资料所有制。

2.保证社会主义性质,不断解放和发展生产力

公有制主体地位、国有经济主导作用是我国各族人民共享发展成果的制度性保证,也是巩固党的执政地位、坚持我国社会主义制度的重要保证。我们要毫不动摇巩固和发展公有制经济,毫不动摇鼓励、支持、引导非公有制经济发展,推动各种所有制取长补短、相互促进、共同发展。

二、按劳分配为主体、多种分配方式并存

1.我国的分配制度

现阶段我国坚持公有制为主体、多种所有制经济共同发展,决定了分配制度必然是按劳分配为主体、多种分配方式并存。

2.调动各方面积极性,实现共同富裕

按劳分配为主体、多种分配方式并存的制度,有利于调动各方面积极性,有利于实现效率和公平有机统一,是促进共同富裕的基础性制度。

三、社会主义市场经济体制

1.用好"看不见的手"和"看得见的手"

(1)市场决定资源配置是市场经济的一般规律。在市场经济中,产品的生产、交换、分配和消费,由企业、个人等市场主体通过价格、竞争、供求等机制来调节。市场机制就像一只"看不见的手",引导和调节资源在全社会的配置。

(2)合理配置资源必须更好发挥政府这只"看得见的手"的作用。政府的职责和作用主要是保持宏观经济稳定,加强和优化公共服务,保障公平竞争,加强市场监管,维护市场秩序,推

动可持续发展，促进共同富裕，弥补市场失灵。

2.社会主义制度和市场经济的有机结合

在社会主义条件下发展市场经济，是党的一个伟大创举。我国经济发展获得巨大成功的一个关键因素，就是我们既发挥了市场经济的长处，又发挥了社会主义制度的优越性。

素养提升

勇扛大国“顶梁柱”使命担当

国有企业是中国特色社会主义的重要物质基础和政治基础，是中国特色社会主义经济的“顶梁柱”。

新中国成立以来，在中国共产党的坚强领导下，国有企业改革发展屡创佳绩，为推动中国经济社会发展、科技进步、国防建设、民生改善作出了历史性贡献。

2024年7月，中国一汽自主研发的第900万辆解放牌卡车在位于吉林省长春市的智能工厂下线。70多年前，这家企业从零起步，三年建成投产，结束了新中国不能制造汽车的历史。七代解放牌卡车的更迭、中国一汽发展壮大的历史，折射出我国汽车工业的沧桑巨变，也印证了国有企业的发展与国家命运始终紧密相连。

新中国成立之初，百废待兴，发展工业成为重要任务。造出第一辆解放牌卡车、第一台“东方红”拖拉机，大庆油田甩掉中国“贫油”帽子，鞍钢研发出“争气钢”……一批“共和国长子”在旧中国一穷二白的基础上起步，创造了一系列“新中国第一”，拉开了我国工业化进程的时代大幕。

改革开放浪潮奔涌，国有企业在艰难中探索，努力做好与市场经济融合这篇“大文章”。一批面向市场竞争、以质量效益为导向的现代企业“破茧而出”。进入新时代以来，国资国企深入学习贯彻习近平新时代中国特色社会主义思想，坚决贯彻党中央、国务院决策部署，牢牢把握高质量发展主题，推动企业改革发展发生了全局性、转折性重大变化。75年风雨兼程，国有企业“姓党为民”的政治本色更加彰显。国有企业强化公共服务和应急能力建设，目前提供了全国近100%的原油产量、100%的电网覆盖、97%的天然气供应量，建成运营覆盖全国的基础电信网络。2013年以来，中央企业累计上缴税费超过20万亿元，上缴国有资本收益1.5万亿元，向社保基金划转国有资本1.2万亿元；坚决助力打赢脱贫攻坚战，累计投入和引进帮扶资金超过千亿元。在抢险救灾中打头阵，在科研攻关中当先锋，在经营发展中创佳绩……一次次大战大考中，国有企业挺身而出、冲锋在前，全力以赴维护人民生命财产安全，千方百计保证市场供应稳定，关键时刻彰显了“大国重器”的责任担当。

【思考】

新时代新征程，国有企业牢记“国之大者”，在高质量发展的道路上阔步前进，不断增强核心功能、提升核心竞争力，努力为强国建设、民族复兴作出新的更大贡献。青少年应如何心怀“国之大者”，彰显青春担当？

习题演练

一、填空题

1.在社会主义初级阶段,我国坚持____________、多种所有制经济共同发展的生产资料所有制。

2.公有制经济包括____________、____________以及混合所有制经济中的国有成分和集体成分。

3.公有制的主体地位主要体现在:公有资产在社会总资产中占优势;____________控制国民经济命脉,对经济发展起主导作用。

4.现阶段我国坚持公有制为主体、多种所有制经济共同发展,决定了分配制度必然是____________、多种分配方式并存。

5.____________作为国有经济的主要载体,是中国特色社会主义的重要物质基础和政治基础。

6.按劳分配为主体、多种分配方式并存的制度,有利于调动各方面积极性,有利于实现效率和____________有机统一。

7.________________________是市场经济的一般规律。

8.科学的____________,有效的政府治理,是发挥社会主义市场经济体制优势的内在要求。

9.市场调节有局限性,它存在着____________、盲目性、____________等弊病。

二、选择题

1.习近平总书记强调,要毫不动摇地巩固和发展公有制经济。下列对公有制经济的认识正确的是(　　)。

A.坚持公有制为主体,要求国有资产在社会总资产中占优势

B.坚持公有制为主体,必须保证公有制经济控制国民经济命脉

C.以公有制为主体是社会主义初级阶段经济制度的根本特征

D.公有制经济对经济发展起主导作用,主要体现在控制力上

2.自 2023 年 4 月起,市场监管总局在 12 个省份部署开展个体工商户分型分类精准帮扶政策试点,截至 2024 年 2 月 28 日,已试点培育“名特优新”个体工商户超过 15 万户。对产品和服务质量好、有一定品牌影响力、深受群众喜爱的“知名”类个体工商户,将加大宣传推介力度、深化品牌创建服务、加强知识产权保护。个体工商户的发展(　　)。

①是社会主义经济的重要组成部分,应加以鼓励和支持

②能够释放个体经济的创造力和生产力,推动经济发展

③能够增强非公有制经济的实力,提高个体经济的地位

④能够缓解社会就业压力,提高个体劳动者的收入水平

A.①③　　　　B.①④

C.②③　　　　D.②④

3.为提升金融支持民营经济高质量发展质效,助力民营企业更好融入新发展格局,2024 年 6 月 3 日,国家发展改革委在广东省深圳市组织召开促进民营经济发展壮大暨扩大制造业中长期贷款投放和科技型企业项目融资现场会。助力民营经济发展(　　)。

①是基于民营经济是我国经济社会发展的重要基础

②是因为民营经济是社会主义经济的组成部分

③有利于推动我国社会主义市场经济高质量发展

④有利于更好发挥民营经济对国民经济的主导作用

A.①③　　B.①④　　C.②③　　D.②④

4.下列是某居民 2023 年的收入明细,对此判断正确的是(　　)。

收入明细	工资	奖金、津贴	流转土地收入	国债收入	存款利息	技术专利入股收入
金额/元	60000	40000	6000	10000	2000	200000

①其中财产性收入为 16000 元

②其中按劳分配收入为 100000 元

③其中劳动性收入为 100000 元

④其中按资本要素收入为 12000 元

A.①②　　B.①③　　C.②④　　D.③④

5.我国改革开放 40 多年历程,社会主义市场经济体制已初步建立并不断发展和完善,经济社会发展取得了巨大的成就。下列不属于社会主义市场经济体制基本特征的是(　　)。

A.把社会主义制度和市场经济有机结合

B.发挥党总揽全局、协调各方的领导核心作用

C.能通过价格、供求、竞争调节资源配置

D.能够实行科学的宏观调控、有效的政府治理

6.国家之所以重视国有企业改革,是因为国有企业(　　)。

①是中国特色社会主义制度的重要支柱

②是我们党执政兴国的重要支柱和依靠力量

③控制着国民经济命脉、是我国生产关系的核心

④是中国特色社会主义的重要物质基础和政治基础

A.①②　　B.①③　　C.②④　　D.③④

7.民营经济是高质量发展的重要基础。在税收上,2012 年至 2021 年,民企占比从 48%提升至 59.6%。在就业上,2012 年至 2022 年,规上私营工业企业吸纳就业占比从 32.1%提高至 48.3%。在数量上,2012 年至 2022 年,民企数量占比从 79.4%增长到 93.3%。在外贸上,民企从 2019 年起成为第一大外贸主体,2022 年占比达 50.9%。由此可见,民营经济(　　)。

①发展态势强劲,是社会主义经济的重要组成部分

②是开拓国际市场、推进中国式现代化的生力军

③是保障人民共同利益、实现共同富裕的重要支柱

④已成为稳定经济、促进创业就业不可或缺的力量

A.①②　　B.①③　　C.②④　　D.③④

8.2024年7月30日,杭温高铁进入试运行阶段。杭温高铁是长三角城际铁路网的重要组成部分。高铁一期义乌至温州段由政府出资方引导,某民企作为社会资本方控股投资建设。民营资本参与重大基础设施建设(　　)。

①表明基础设施建设向各类市场主体公平开放

②引入了市场机制,有助于提升资金的使用效率

③有利于发挥各种所有制的长处,实现优势互补

④极大地提升了非公有制经济在市场经济中的地位

A.①②　　B.①④　　C.②③　　D.③④

9.《关于开展妨碍统一市场和公平竞争的政策措施清理工作的通知》自2023年6月印发以来,各地区、各部门加快推进清理工作,取得了积极成效。2024年第一季度,全国共清理存在妨碍全国统一大市场和公平竞争问题的政策措施4218件,有力破除了一批行政性垄断堵点,有效制止了地方保护和市场分割行为。上述举措(　　)。

①为加快形成全国统一大市场提供了坚实的制度基础和法律保障

②旨在营造公开、公平、公正的市场环境,激发各类市场主体活力

③旨在发挥宏观调控在资源配置中的决定性作用,弥补市场缺陷

④有利于规范市场秩序,建设统一开放、竞争有序的现代市场体系

A.①③　　B.①④　　C.②③　　D.②④

10.党的二十大报告提出,构建高水平社会主义市场经济体制。我国社会主义市场经济的根本目标是(　　)。

A.坚持党的领导

B.解放和发展社会生产力

C.发挥市场在资源配置中的决定作用

D.实现共同富裕

11.夏季高温来袭,迎峰度夏能源保供面临严峻挑战。2024年以来,国资央企尤其是能源央企发挥好"压舱石"作用,纷纷加大能源安全供应力度,在煤炭稳定供应的同时通过增加新能源供给、优化电网调节能力、技术设备突破创新等方面多方着力,为居民生产生活用电提供了保障。据此,下列推测正确的是(　　)。

①国有企业是社会主义经济制度的基础

②国有企业是国家宏观调控的重要工具

③能源央企是国有经济最主要的实现形式

④国有经济对国民经济发展起主导作用

A.①③　　B.①④　　C.②③　　D.②④

12.关于社会主义市场经济体制的基本特征,说法正确的是(　　)。

①党的领导是中国特色社会主义最本质的特征和中国特色社会主义制度的最大优势

②把社会主义制度和市场经济有机结合起来

③促进人民共同富裕,是社会主义市场经济体制的根本目标

④宏观调控是社会主义市场经济所特有的特征

A.①②③　　B.②③④　　C.①③④　　D.①②④

三、简答题

1.简述公有制经济的地位和作用。

2.非公有制经济在我国经济发展中有哪些重要作用?

3.简述社会主义市场经济体制的特点。

四、论述题

结合实际，谈谈在新时代如何坚持和完善社会主义基本经济制度。

五、材料分析题

1.阅读下列材料，并按要求作答。

改革开放40多年来，我国民营经济从小到大、从弱到强，贡献了50%以上的税收，60%以上的国内生产总值，70%以上的技术创新成果，80%以上的城镇劳动就业，90%以上的企业数量。中国共产党第十九届中央委员会第四次全体会议通过的《中共中央关于坚持和完善中国特色社会主义制度 推进国家治理体系和治理能力现代化若干重大问题的决定》中指出，要健全支持民营经济、外商投资企业发展的法治环境，完善构建亲清政商关系的政策体系，健全支持中小企业发展制度。

有人认为，改革开放40多年来，民营经济取得了巨大成就，在经济发展中已起主导作用；我们要毫不动摇鼓励、支持、引导民营经济发展。结合材料，对这一观点加以评析。

2.阅读下列材料,并按要求作答。

新型举国体制是指面向国家重大需求,瞄准关键核心技术和“卡脖子”领域、强化责任落实机制,用好庞大的国内市场需求,凝聚和集成国家战略科技力量、社会资源,共同攻克重大科技难题的组织模式和运行机制。

改革开放以来,特别是党的十八大以来,坚持以习近平新时代中国特色社会主义思想为指导,我们发挥新型举国体制的优势,以国家战略性需求为导向,借助国家力量有效配置科技力量和创新资源。一大批重大创新工程取得了突破性进展,“神舟”飞天、“蛟龙”入海、“嫦娥”奔月、“北斗”组网、“天眼”巡空等,令世人为之惊叹,形成新时代北斗精神、探月精神、科学家精神,走出了一条具有中国特色的创新发展之路。

有人认为,新型举国体制就是要发挥政府在资源配置中的决定作用。结合材料,运用社会主义市场经济体制的知识评析这一观点。

第5课 推动高质量发展

知识梳理

一、建设社会主义现代化国家的战略导向

1.立足新发展阶段

全面建成小康社会、实现第一个百年奋斗目标之后,我们乘势而上开启全面建设社会主义现代化国家新征程、向第二个百年奋斗目标进军,这标志着我国进入了一个新发展阶段。

2.贯彻新发展理念

创新、协调、绿色、开放、共享的新发展理念是一个系统的理论体系,回答了关于发展的目的、动力、方式、路径等一系列理论和实践问题,是习近平经济思想的主要内容。

3.构建新发展格局

推动形成以国内大循环为主体、国内国际双循环相互促进的新发展格局是与时俱进提升我国经济发展水平的战略抉择,也是适应我国发展新阶段要求、塑造国际合作和竞争新优势的必然选择。

二、实现高质量发展

1.供给侧结构性改革

深化供给侧结构性改革、推动经济高质量发展,总的要求是“巩固、增强、提升、畅通”八字方针,巩固“三去一降一补”成果。

2.建设现代化经济体系

建设现代化经济体系,必须:①坚持把发展经济的着力点放在实体经济上;②促进区域协调发展。

3.建设创新型国家

建设创新型国家,要坚决实施创新驱动发展战略、人才强国战略、科教兴国战略。

素养提升

以创新精神打开高质量发展新局面

科技是第一生产力、人才是第一资源、创新是第一动力。中国创新能力综合实力不断攀升,折射出中国经济社会发展蕴藏无穷创新活力和澎湃后劲,也彰显中国创新精神的深厚内涵与强大底气。新时代是创新的时代,要瞄准高质量发展这个首要任务,持续提升综合创新能力和科技创新水平,不断为经济社会高质量发展、造福广大群众注入新动力。

问渠那得清如许?为有源头活水来。创新精神是新时代中国奋发进取、锐意攻坚、笃行不怠、真抓实干的精神源头。载人航天、探月探火、超级计算机、卫星导航、量子信息、大飞机制造、人工智能等高端领域创新成果不断涌现,深刻展示中国创新创造的强大魅力与蓬勃生命力,也揭示坚韧执着、勇攀高峰、攻克难关、砥砺前行的伟大品格与崇高信念。要弘扬创新精神,赓续创新作风,主动作为、大胆突破,把握机遇、创造机遇,让高质量发展优势更大、发展动力更足。

致天下之治者在人才,积创新之力者在人才。要攻克关键核心技术,破解"卡脖子"难题,必须培育一批具有国际视野、拥有顶尖科研水平、作风绝对过硬的高素质人才队伍,不断引领中国综合创新能力攀登高峰。

创新就是生产力,企业赖之以强,国家赖之以盛。要不断释放创新创造优势,把握时代潮流,瞄准新业态新产业发展方向,以创新精神加快形成新质生产力,推动经济社会发展增长方式转型升级。目前,我国数字经济发展呈现良好态势,要抢抓数字经济发展机遇,实现创新链、产业链、技术链、市场链等有机集成、系统融合,才能激活创新创造"源头活水",为中国经济社会高质量发展提供源源不断的创新动能。

【思考】

青少年是社会上最富有活力、最具有创造力的群体,理应走在创新创造的前列。这是青春的本色,也是时代的呼唤。青少年应如何与时代同行,开拓思维,加强创新?

习题演练

一、填空题

1.____________是发展行动的先导,是发展思路、发展方向、发展着力点的集中体现。

2.协调是持续健康发展的内在要求,注重解决____________问题。

3.____________是引领发展的第一动力,注重解决发展动力问题。

4.贯彻新发展理念,必须坚持____________的发展思想。

5.____________是全体人民的富裕,是人民群众物质生活和精神生活都富裕。

6.党的十八大以来,我国经济发展的基本特征就是由高速增长阶段转向____________。

7.建设____________是我国发展的战略目标,也是转变经济发展方式、优化经济结构、转换经济增长动力的迫切要求。

8.建设现代化经济体系,必须坚持把发展经济的着力点放在＿＿＿＿＿＿上,推进新型工业化。

9.建设创新型国家,要坚决实施＿＿＿＿＿＿、＿＿＿＿＿＿、科教兴国战略。

二、选择题

1.中国特色社会主义进入新时代,新时代需要新发展理念。关于新发展理念的说法有误的是(　　)。

A.生态文明建设是关系中华民族永续发展的千年大计

B.贯彻新发展理念有利于解决发展不平衡不充分问题

C.协调是发展的第一动力,摆在发展全局的核心位置

D.新发展理念相互贯通、相互促进,是具有内在联系的集合体

2.2023 年成都大运会推进场馆新建和既有场馆改造,如凤凰山篮球场馆外立面可通过智能控制系统切换模式;新都香城体育中心雨水回收系统年节水 3000 吨以上,基本满足绿化养护用水。同时各场馆按照“非必要不设置”原则控制临时设施搭建,强化场馆低碳智能运行。由此可知,大运会办赛坚持(　　)。

①协调发展理念,促进区域协同发展

②绿色发展理念,促进人与自然和谐

③创新发展理念,推进场馆建设低碳智能

④开放发展理念,推进高水平对外开放

A.①②　　B.①④　　C.②③　　D.③④

3.2024 年 8 月 1 日,国务院新闻办公室举行“推动高质量发展”系列主题新闻发布会。国家发展改革委负责人表示,我国宏观经济治理体系不断健全,经济运行中的积极因素和有利条件在不断积累,我们有信心、有底气战胜困难和挑战,高质量完成全年目标任务。我们有信心高质量完成目标任务的原因有(　　)。

①各地积极推进新型工业化,因地制宜加快培育和发展新质生产力

②推动社会主义经济制度根本变革,增强经营主体的积极性、创造性

③超长期特别国债、贴息等财政政策加大实施力度,着力扩内需、稳增长

④增强了投资对经济发展的基础性作用和消费对优化供给侧结构的关键作用

A.①③　　B.①④　　C.②③　　D.②④

4.新质生产力是 2023 年 9 月习近平总书记在黑龙江考察调研期间首次提到的新概念。新质生产力是创新起主导作用,摆脱传统经济增长方式、生产力发展路径,具有高科技、高效能、高质量特征,符合新发展理念的先进生产力质态。这一理论(　　)。

①拓展了生产力构成的基本要素

②深化了对生产力发展规律的认识

③为高质量发展提供了科学指引

④是中华民族伟大复兴的“方法论”

A.①②　　B.①④　　C.②③　　D.③④

5.2024 年 4 月,河北省印发《河北省推动大规模设备更新和消费品以旧换新实施方案》的通知。该方案要求依法依规淘汰符合强制报废标准的老旧汽车。鼓励电动自行车以旧换新,加强电动自行车生产、销售领域的产品质量监管,到 2027 年,全面淘汰备案非标电动自行车。该方案(　　)。

①旨在通过宏观调控建设更高水平开放型经济新体制

②有利于推动产业结构的优化和升级,进而实现高质量发展

③能更好释放内需潜力,进一步筑牢经济发展的内需基础

④是更好运用市场经济调节,促进国民经济平稳发展

A.①②　　B.①④　　C.②③　　D.③④

6.H 公司原本生产化工机械设备,随着“减化”行动的推进,企业及时转型,抓住新能源风口,向新能源智能装备领域进军,近年来成为国内微纳米材料研磨装备的龙头企业。该企业的成功主要得益于(　　)。

A.走国际品牌发展道路　　B.优化企业管理层结构

C.制定正确的经营战略　　D.完成混合所有制改革

7.据国际货币基金组织统计,2023 年全球通货膨胀率为 6.9%,而中国通货膨胀率仅为 0.2%。在全球高通货膨胀背景下,中国拥有持续稳住物价的底气和能力,主要得益于我国(　　)。

①政府科学的宏观调控,市场保供机制健全

②有超大规模消费市场,内需潜能持续释放

③坚持立足本国资源,阻断输入型通货膨胀风险

④深化供给侧结构性改革,产业链韧性增强

A.①②　　B.①④

C.②③　　D.③④

8.某地政府坚持以群众需求为导向,聚焦群众办事难点和审批服务堵点,全力推进“最多跑一次”改革,群众满意率极大提升。从习近平新时代中国特色社会主义思想“基本方略”角度来看,这体现了(　　)。

A.坚持以人民为中心　　B.坚持新发展理念

C.坚持全面依法治国　　D.坚持党的领导

9.要着力解决好发展不平衡不充分问题,破解发展难题、增强发展动力、厚植发展优势,更好满足人民在经济、政治、文化、社会、生态等方面日益增长的美好生活需要,必须牢固树立并切实贯彻下列新发展理念(　　)。

A.创新、协作、绿色、开放、共享　　B.创新、协调、环保、开放、共享

C.创新、协调、绿色、开放、共享　　D.创新、协调、绿色、开放、共赢

10.进入新时代,随着我国发展环境、发展条件的变化,我国经济发展进入新常态。在这一常态下,全面建设社会主义现代化国家的首要任务是(　　)。

A.推动高质量发展　　B.建立现代化经济体系

C.构建新发展格局　　D.建设现代化产业体系

三、简答题

1.简述推动高质量发展的重要意义。

2.创新在推动高质量发展中的具体表现有哪些？

3.如何实现协调发展？

四、论述题

结合实际，谈谈你对推动高质量发展的理解，并提出自己的建议。

五、材料分析题

1.阅读下列材料，并按要求作答。

某市在经济发展中切实贯彻和落实新发展理念，努力打造循环经济，把建立循环型社会作为实现可持续发展战略的重要途径和方式，走出了一条与环境相和谐的经济发展道路。该市切实做到“资源—产品—再生资源”的反复循环利用，做到生产和消费“污染排放最小化、废物资源化和无害化”，以最小的成本获得最大的经济效益和环境效益。经过几年的探索和努力，该市城乡经济社会保持持续健康发展；城乡收入差距逐步缩小，形成了城乡群众共创共享改革发展成果的机制，让人民有更多获得感；生产能耗和主要污染物排放总量均下降，一幅“绿水青山抱林盘，大城小镇嵌田园”的画卷正徐徐展开。

结合材料，分析该市打造循环经济的做法与成果体现了哪些新发展理念。

2.阅读下列材料,并按要求作答。

发展新质生产力是推动高质量发展的内在要求和重要着力点。

2024 年 7 月 21 日发布的《中共中央关于进一步全面深化改革 推进中国式现代化的决定》明确提出,“健全因地制宜发展新质生产力体制机制”。一系列部署中,既有“新”的培育——加强新领域新赛道制度供给,建立未来产业投入增长机制,也有“旧”的改造——以国家标准提升引领传统产业优化升级,支持企业用数智技术、绿色技术改造提升传统产业。这需要通过深层次改革,建设和完善体制机制,打通堵点卡点,让各类先进优质生产要素向发展新质生产力顺畅流动,不断增强高质量发展的内生动力。

因地制宜发展新质生产力,需要完善社会主义市场经济体制。结合材料,运用中国特色社会主义的知识,说明这一观点的合理性。

第6课　推动形成全面对外开放新局面

知识梳理

一、开放是当代中国的鲜明标识

1.开放带来进步，封闭必然落后

开放是当代中国的鲜明标识，是国家繁荣发展的必由之路。以开放促改革、促发展，是我国发展不断取得新成就的重要法宝。

2.经济全球化趋势不可逆转

经济全球化是社会生产力发展的客观要求和科技进步的必然结果，是人类社会发展的必经之路。应该坚持合作共赢理念，充分利用一切机遇，合作应对一切挑战，引导好经济全球化走向，让发展成果公平惠及不同国家不同阶层不同人群。

二、实现更高水平的开放

1.“一带一路”倡议

“一带一路”倡议秉持和遵循共商共建共享原则，努力实现政策沟通、设施联通、贸易畅通、资金融通、民心相通，是发展的倡议、合作的倡议、开放的倡议。共建“一带一路”已成为开放包容、互利互惠、合作共赢的国际合作平台，是国际社会普遍欢迎的全球公共产品。

2.积极参与全球经济治理

党的十八大以来，中国倡导平等、开放、合作、共享的全球经济治理观，倡导共同走出一条公平、开放、全面、创新的发展之路，为解决全球发展面临的重大现实问题、完善全球经济治理提供重要理念指引。

素养提升

以开放促改革，书写中国同世界合作共赢新篇章

开放是中国式现代化的鲜明标识。改革和开放相辅相成，以开放促改革、促发展是中国改革发展的成功实践。

党的十八大以来，以习近平同志为核心的党中央统筹国内国际两个大局，坚定不移扩大对外开放，实行更加积极主动的开放战略。从设立22个自贸试验区、建设海南自由贸易港，到力推《区域全面经济伙伴关系协定》签署生效;从不断缩减外资准入负面清单,到放宽电信、医疗等服务行业准入;从推进高质量共建"一带一路",到搭建进博会、服贸会、消博会等国际经贸合作平台……中国开放的大门越开越大,不仅让中国的发展惠及国际社会,也让看好中国发展前景成为世界的普遍共识。

鉴往事,知来者。站在新的历史起点上,我们更加深刻认识到:改革和开放相互促进,改革必然要求开放,开放也必然要求改革。推进高水平对外开放,是根据我国改革发展客观需要作出的自主选择,也是把握发展规律、顺应时代潮流的必然之举。坚持以开放促改革、促发展、促创新,我们才能更好地把握机遇、应对挑战,在日趋激烈的国际竞争中赢得主动、赢得优势、赢得未来,更有力地推进中国式现代化建设。

改革不停顿,开放不止步。每一轮改革总是伴随着新一轮开放,更深层次的开放总能推动改革向纵深迈进。扩大开放是进一步全面深化改革的重要动力。从稳步扩大制度型开放,到深化外贸体制改革;从深化外商投资和对外投资管理体制改革,到优化区域开放布局,再到完善推进高质量共建"一带一路"机制,党的二十届三中全会着眼于完善高水平对外开放体制机制作出系统部署,有利于加快制度建设、法规建设,改善营商环境和创新环境,不断拓展对外开放的深度和广度,塑造更高水平开放型经济新优势,为经济高质量发展注入新动力、增添新活力、开辟新空间。

开放带来进步,合作才能共赢。改革开放是中国与世界的双向奔赴,中国的发展也是世界的机遇。中国式现代化的出发点和落脚点是让 14 亿多中国人民过上更加美好的生活。对世界来说,这意味着更加广阔的市场和前所未有的发展机遇,也将为世界现代化注入强大动力。新征程上,在改革开放中不断推进中国式现代化,谱写开放合作、互利共赢的新篇章,中国人民必将同世界各国人民携手前行、共谋发展,共同开创人类更加美好的未来。

【思考】

青少年是国家的未来,也是世界的未来。中国梦与世界梦息息相通,中华民族应该对人类社会作出更大贡献。青少年应如何秉持开放包容、合作共赢的理念,成为促进全球发展的生力军?

习题演练

一、填空题

1.__________是当代中国的鲜明标识,是国家繁荣发展的必由之路。

2.我国将坚定不移奉行__________的开放战略,实行高水平的贸易和投资自由化便利化政策,推动形成陆海内外联动、东西双向互济的开放格局。

3.__________是社会生产力发展的客观要求和科技进步的必然结果,是人类社会发展的必经之路,是不可阻挡的历史潮流。

4.经济全球化主要表现为__________、贸易全球化和__________。

5.应该坚持__________理念,充分利用一切机遇,合作应对一切挑战,引导好经济全球化走向。

6.“一带一路”倡议秉持和遵循__________原则，努力实现政策沟通、设施联通、贸易畅通、资金融通、民心相通，是发展的倡议、合作的倡议、开放的倡议。

7.党的十八大以来，中国倡导__________、__________、合作、__________的全球经济治理观，倡导共同走出一条公平、开放、全面、创新的发展之路。

二、选择题

1.2023年5月18日至19日，首届中国—中亚峰会成功举行。中国与中亚五国的领导人相聚古丝绸之路东方起点西安，共话团结合作，携手建设中国—中亚命运共同体。会议期间，六国领导人共同签署《中国—中亚峰会西安宣言》（以下简称《西安宣言》），就油气采矿、加工制造、互联互通、数字科技等领域合作达成共识。《西安宣言》的签署意在（　　）。

①反对霸权主义和强权政治

②把比较优势转变为竞争与合作优势

③提升中国国际地位，改变世界格局

④摒弃零和博弈，共享发展机遇

A.①②　　B.①③　　C.②④　　D.③④

2.习近平总书记指出：“我们说的共同富裕是全体人民共同富裕，是人民群众物质生活和精神生活都富裕，不是少数人的富裕，也不是整齐划一的平均主义。”促进全体人民实现共同富裕（　　）。

①不是同时同步同等富裕，而是循序渐进的

②彰显了社会主义市场经济体制的内在要求

③彰显了社会主义市场经济体制的根本目标

④要以共同富裕为中心，大力发展生产力

A.①③　　B.①④　　C.②③　　D.②④

3.2023年国潮国货消费中，“95后”“00后”群体成为消费的绝对主力，占据了国潮国货消费的82.6%。曾经被误认为“崇洋媚外”的年轻人如今拥抱国潮商品，从供给侧结构性改革的角度分析，这一转变的原因可能是（　　）。

A.年轻一代的审美品味跟随国情发生了变化

B.国家宣传部门大力推广传统文化有所成效

C.国内企业提供了质量更为优良的文化产品

D.国外产品的质量优和宣传中对美观性的强调

4.重庆实施数字经济创新提质“一号发展工程”，推动数字经济往“高”攀升，抢占关键技术、产业集群、未来布局制高点；向“新”进军，重塑平台新优势、激活数据新要素；以“融”提效，打造未来乡村智慧场景。这表明发展数字经济应（　　）。

A.坚持永续发展，提升发展质量　　B.坚持创新发展，完善产业体系

C.坚持协调发展，推进乡村振兴　　D.坚持理念引领，着力扩大内需

5.某企业的金融服务平台，通过提供一站式跨境金融服务，可以让规模不到100人的小微

企业也能以极低的门槛把生意做到海外，为全球消费者提供中国制造的热销尖货。这样的跨境支付技术让小微企业也有机会成长为“微型跨国企业”，让他们以极低的门槛坐上全球数字贸易的列车。这说明(　　)。

①互联网平台企业在协同小微企业对外贸易上潜力巨大

②小微企业可以通过互联网平台深入参与全球产业链

③互联网平台企业是我国科技创新的骨干力量

④小微企业已经借助互联网平台成为经济全球化的重要载体

A.①②　　B.①④　　C.②③　　D.③④

6.当今世界经济的一个显著特征是商品、服务及技术等要素通过频繁的国际贸易、国际金融在全球范围内迅速流动、广泛配置，世界经济出现了高度融合的局面。这种现象用一个词概括就是(　　)。

A.贸易全球化　　B.金融全球化

C.经济全球化　　D.跨国公司迅猛发展

7.在当前国际经济发展中，一些发达国家贸易保护主义、贸易壁垒越来越严重，影响到经济全球化的健康发展。中国政府坚持经济全球化的大方向，努力推动各国相互交流、平等互利，共商共建共享。这是因为，经济全球化有利于(　　)。

①推动生产力的发展

②消除发达国家与发展中国家的差距

③保持世界经济稳定发展

④为世界经济增长提供了强劲动力

A.①②　　B.③④　　C.①④　　D.②③

8.美国某公司生产的玩具娃娃，其原材料石油产自沙特，经美国得克萨斯州等地精炼成乙烯，由中国台湾加工成乙烯基塑料颗粒，在中国大陆组装身体，日本提供尼龙制的头发，美国生产硬纸包装盒。以上现象体现了(　　)。

①商品生产全球化

②跨国公司推动经济全球化

③国际范围内金融流动增加

④发达国家是最大的受益者

A.①②　　B.①④　　C.②③　　D.③④

9.近年来，越来越多颠覆性技术对海洋经济产生了革命性影响。在海洋装备方面，中国已成为全球最大的海洋装备生产国，自研自造了一批大型 LNG 船、大型集装箱船、极地破冰船、第七代深海半潜式钻井平台和载人深潜器。这主要得益于我国(　　)。

①以更加自信开放的姿态，屹立于世界民族之林

②积极提高自主创新能力，抢占科技竞争制高点

③坚持把独立自主、自力更生作为自身的出发点

④打造国际一流的营商环境，保护外商投资权益

A.①③　　B.①④　　C.②③　　D.②④

10.2023 年是我国“一带一路”倡议提出十周年。从中国倡议走向国际实践，从理念转化为行动，从愿景转变为现实，共建“一带一路”十年，取得了实打实、沉甸甸的重大历史性成就，中国与所有共建国家一道，将“一带一路”建设成为一项惠及全人类的伟大创举。中国提出“一带一路”倡议(　　)。

①秉持互利共赢的原则，推动各国共同发展

②顺应世界潮流，促进国际交流与合作

③立足各自国家利益，努力破解时代性问题

④印证了世界各国面临的根本利益是一致的

A.①②　　B.①④　　C.②③　　D.③④

三、简答题

1.简述推动形成全面对外开放新局面的重要意义。

2.我国在推动形成全面对外开放新局面中应坚持哪些原则？

3.谈谈“一带一路”倡议对我国推动形成全面对外开放新局面的作用。

四、论述题

结合实际,论述在全面对外开放新局面下,我国企业应如何提高自身竞争力。

五、材料分析题

1.阅读下列材料,并按要求作答。

2023年10月18日上午,国家主席习近平在人民大会堂出席第三届“一带一路”国际合作高峰论坛开幕式并发表题为《建设开放包容、互联互通、共同发展的世界》的主旨演讲。习近平宣布中国支持高质量共建“一带一路”的八项行动,强调中方愿同各方深化“一带一路”合作伙伴关系,推动共建“一带一路”进入高质量发展的新阶段,为实现世界各国的现代化作出不懈努力。

在复杂国内外形势下，我们坚守初心、携手同行，推动“一带一路”国际合作从无到有，蓬勃发展，取得丰硕成果。“一带一路”合作从亚欧大陆延伸到非洲和拉美，150 多个国家、30 多个国际组织签署共建“一带一路”合作文件，成立了 20 多个专业领域多边合作平台；一大批标志性项目和惠民生的“小而美”项目落地生根。共建“一带一路”坚持共商共建共享，跨越不同文明、文化、社会制度、发展阶段差异，开辟了各国交往的新路径，搭建起国际合作的新框架，汇集着人类共同发展的最大公约数。

结合材料，运用中国特色社会主义的知识回答，中国为什么要推动构建“一带一路”？

2.阅读下列材料，并按要求作答。

中国与中亚五国建交三十多年来，持续深化务实经贸合作。2022 年，中国与中亚五国提前实现 700 亿美元贸易目标，贸易额达 702 亿美元，创历史新高。中国从中亚国家进口农产品、能源产品、矿产品同比增长均超过 50%，对中亚国家出口机电产品同比增长 42%。

我国海关部门面向中亚国家开通 8 条农副产品快速通关“绿色通道”，积极推动中亚国家优质农食产品输华；进一步推广国际贸易“单一窗口”和“经认证的经营者”（AEO）互认合作，实现双方边境口岸农副产品快速通关“绿色通道”全覆盖。

结合材料，运用中国特色社会主义知识，说明深化经贸合作对中国的积极影响。

第三单元

中国特色社会主义政治建设

单元整体解读

党的十八大以来，以习近平同志为核心的党中央团结带领人民坚定不移走中国特色社会主义政治发展道路，不断健全人民当家作主制度体系，发展全过程人民民主，推动人民代表大会制度更加成熟更加定型，社会主义民主政治建设取得历史性成就。进入新发展阶段，进一步推进中国特色社会主义政治建设，是全面建设社会主义现代化国家的重要支撑和保障。

在本单元，我们将了解中国共产党的性质与宗旨，明白为什么必须坚持和加强党的全面领导；了解我国根本政治制度和基本政治制度的优越性；理解坚持党的领导、人民当家作主、依法治国有机统一的重要意义，懂得维护祖国统一和民族团结的重要性，明确有序参与政治生活的意义和途径。

单元目标聚焦

◆知识目标

(1)了解中国共产党的性质和宗旨、初心和使命，理解中国共产党领导是中国特色社会主义最本质的特征。

(2)了解我国的国体与政体，感悟社会主义基本政治制度的优越性。

(3)理解全过程人民民主的优越性，理解坚持党的领导、人民当家作主、依法治国有机统一是社会主义政治发展的必然要求。

◆能力目标

(1)明白参与政治生活是我国宪法规定的公民享有的基本权利，增强法治观念，能够在党的领导下自觉参与社会主义法治国家建设。

(2)能够进行正确的政治价值判断和政治行为选择，坚定自己的政治立场，以实际行动维护中国特色社会主义政治发展道路。

◆素养目标

(1)认同并理解中国共产党是我国最高政治领导力量，拥护党的领导。

(2)认同人民代表大会制度的优越性，具有人民当家作主的主人翁意识。

(3)树立中华民族共同体意识，自觉维护国家统一，为民族团结做贡献。

第7课　党是最高政治领导力量

知识梳理

一、不忘初心、牢记使命

1.党的性质和宗旨

中国共产党是中国工人阶级的先锋队，同时是中国人民和中华民族的先锋队，是中国特色社会主义事业的领导核心。全心全意为人民服务是中国共产党的根本宗旨。立党为公、执政为民是中国共产党的执政理念。

2.党的初心和使命

为中国人民谋幸福，为中华民族谋复兴，是中国共产党人的初心和使命。

二、坚持和加强党的全面领导

1.中国共产党领导是中国特色社会主义最本质的特征

中国共产党领导是中国特色社会主义最本质的特征，是中国特色社会主义制度的最大优势，党是最高政治领导力量。坚持党的全面领导，是坚持和发展中国特色社会主义的必由之路。

2.坚定不移全面从严治党

(1)全面从严治党是党永葆生机活力、走好新的赶考之路的必由之路。全面从严治党永远在路上，党的自我革命永远在路上。

(2)勇于自我革命是中国共产党区别于其他政党的显著标志。自我革命精神是党永葆青春活力的强大支撑。

素养提升

孔繁森：一个共产党员爱的最高境界是爱人民

六七月间的西藏阿里，高原红柳花开得绚烂。沉默的冈底斯山，远远矗立在狮泉河镇地平线上，犹如一座丰碑。

孔繁森的名字，就深深镌刻在这片神奇的雪域高原上，成为新时期党员干部的楷模，成为流传在西藏干部群众心中最温暖的故事。

1979 年，孔繁森告别山东聊城父老乡亲远赴西藏。他三次进藏，历时十载。在阿里地区烈士陵园里，刻在孔繁森烈士纪念碑前的挽联述说着人们对他的敬佩，“一尘不染，两袖清风，视名利安危淡似狮泉河水；二离桑梓，独恋雪域，置民族团结重如冈底斯山”。

孔繁森在藏期间先后担任岗巴县委副书记、拉萨市副市长、阿里地区地委书记。赴藏前，他请人写下“是七尺男儿生能舍己，作千秋鬼雄死不还乡”的条幅。进藏后，他又留下了“青山处处埋忠骨，一腔热血洒高原”的豪迈誓言。

在岗巴县的 3 年里，他几乎跑遍了全县的乡村牧区，每到一地就访贫问苦。

孔繁森第二次进藏后任拉萨市副市长，分管文教、卫生和民政工作。任职期间，他跑遍了全市 8 个县区的所有公办学校和一半以上乡办、村办小学。

在西藏最艰苦的阿里地区，藏族农牧民称孔繁森为“药箱书记”。粗通医术的孔繁森，每次下乡都身背药箱，义务为群众防病治病。阿里的发展凝聚着孔繁森的全部心血。短短一年多时间，他走访了 98 个乡镇，行程达 8 万多千米……

他始终在努力实践着自己最喜爱的那句名言：“一个人爱的最高境界是爱别人，一个共产党员爱的最高境界是爱人民。”

令人痛惜的意外发生在 1994 年 11 月 29 日。孔繁森在去新疆塔城考察边贸的途中，因为一场车祸不幸殉职，时年 50 岁。人们料理他的后事时，看到两件令人心碎的遗物：一件是他仅有的钱款——8.6 元；另一件是他的“绝笔”——去世前 4 天写的关于发展阿里经济的 12 条建议。

“将孔繁森精神传承下去，让更多年轻干部感受到榜样的力量。”孔繁森生前的同事李玉建说。在他看来，孔繁森精神已成为阿里干部群众努力奋斗的力量源泉。“我们很自豪地说，一批一批的干部群众通过努力，实现了经济发展、社会进步、边疆巩固、人民安居乐业的大好局面”。

现如今，在阿里地区地委、行署所在地的狮泉河镇，繁森路和孔繁森小学这些名字，承载着人们对这位一心为民的党员干部难以磨灭的记忆。

【思考】

中国共产党是真正为了人民的政党。一切为了人民、一切依靠人民。我们应如何在党的旗帜引领下，以党的意志为意志，坚定不移地听党话、跟党走？

习题演练

一、填空题

1.__________是中国工人阶级的先锋队,同时是中国人民和中华民族的先锋队。

2.中国共产党代表__________________的发展要求,代表中国先进文化的前进方向,代表__________________的根本利益。

3.党的最高理想和最终目标是__________。

4.__________________是中国共产党的根本宗旨。

5.立党为公、__________是中国共产党的执政理念。

6.____________________,为中华民族谋复兴,是中国共产党人的初心和使命。

7.____________________是中国特色社会主义最本质的特征,是中国特色社会主义制度的最大优势。

8.坚持____________________是最高政治原则,保证党的团结统一是党的生命。

9.__________是中国共产党区别于其他政党的显著标志。

二、选择题

1.党永葆生机活力的法宝是(　　)。

A.共产党员的先锋模范作用

B.党的指导思想

C.解放思想、实事求是、与时俱进、求真务实

D.中国特色社会主义理论

2.明底线方能知敬畏,纪法警钟需常敲长鸣。习近平总书记反复强调要加强纪律教育,使铁的纪律转化为党员干部的日常习惯和自觉遵循。根据党中央部署,2024 年 4 月至 7 月,在全党开展党纪学习教育。开展党纪学习教育有利于(　　)。

①全面推进从严管党治党,保持党的先进性和纯洁性

②统一全党思想意志行动、不断开创事业发展新局面

③保证党高效履行司法职能、护航党的事业行稳致远

④为实现中华民族伟大复兴提供更为完善的制度保证

A.①②　　B.①④　　C.②③　　D.③④

3."了却家国天下事,一头白发终不悔",防护工程专家钱七虎获颁"感动中国 2022 年度人物"。他以穿山入海的雄魄为国铸就"地下钢铁长城",生动体现了中国共产党人坚定信念、勇于拼搏、无私奉献的高尚品质和崇高精神。这启示广大共产党员要(　　)。

①立党为公、执政为民,增强全面领导的核心地位

②不忘初心、牢记使命,承担起自己的责任和使命

③热爱祖国、不负人民,发挥党员的先锋模范作用

④谦虚谨慎、艰苦奋斗,全面提升依法执政的能力

A.①②　　B.①④　　C.②③　　D.③④

4.在国情、党情发生深刻变化的新形势下，全党必须从我国社会主义初级阶段的实际出发，从不断发展变化的国际形势出发，努力开拓马克思主义理论发展的新境界，开创党和国家事业发展的新局面。这表明中国共产党坚持（　　）。

A.关注民生、自力更生　　B.解放思想、实事求是

C.注重和谐、维护法纪　　D.立党为公、执政为民

5.长征路上，三名女战士借宿湖南省汝城县文明瑶族乡沙洲瑶族村徐姓老人家中，临走时，将自己仅剩的一条被子剪下一半留给老人。革命年代，一条被子你一半我一半是为了让群众有温暖；发展时代，一批批共产党人搞建设、抓改革，是为了让人民过上好日子。这充分表明中国共产党自成立以来（　　）。

①始终坚持民主执政，尊重人民的主体地位

②始终以人民利益作为工作的出发点和落脚点

③始终坚守人民立场，践行党的初心和使命

④始终总揽全局，是决定国家前途的根本力量

A.①②　　B.①③　　C.②③　　D.②④

6."宣传党的路线、方针、政策下基层，调查研究下基层，信访接待下基层，现场办公下基层"是习近平同志在福建宁德工作时制定并身体力行的工作制度。"四下基层"体现了中国共产党（　　）。

①加强政治建设，走在时代前列

②坚持实事求是，努力求真务实

③坚持依法执政，力求与时俱进

④牢记群众观点，贯彻群众路线

A.①②　　B.①③　　C.②④　　D.③④

7.历经百年沧桑，勇于自我革命不仅是中国共产党区别于其他政党的显著标志，也是中国共产党永葆生机活力的密码。在新时代新征程中不断推进自我革命，既是人民的期待，又是伟大时代的召唤。材料表明，中国共产党（　　）。

①坚持依法行政，切实保障人民当家作主

②勇于自我革命，保持党的先进性和纯洁性

③严肃党风党纪，确立了全面从严治党的制度

④加强自身建设，不断提高党的执政能力

A.①③　　B.①④　　C.②③　　D.②④

8.习近平提出，必须坚持实现党领导立法、保证执法、支持司法、带头守法，健全党领导全面依法治国的制度和工作机制，通过法定程序使党的主张成为国家意志、形成法律，通过法律保障党的政策有效实施。加强党对全面依法治国的领导是基于（　　）。

①中国共产党能确保全面依法治国的正确方向

②全面依法治国是中国特色社会主义的重要保障

③中国共产党是社会主义民主政治的本质和核心

④中国特色社会主义最本质的特征是中国共产党领导

A.①②　　B.①④　　C.②③　　D.③④

9.党的领导是全面的、系统的、整体的,主要是政治领导、思想领导和组织领导。下列属于党的组织领导的是(　　)。

①基层党组织向人民群众宣传“不忘初心、牢记使命”

②中共中央、国务院印发《长江三角洲区域一体化发展规划纲要》

③依法向国家机关推荐重要干部进入领导岗位,实现党的领导

④发挥基层党组织的积极作用来带动群众参与社会主义现代化建设

A.①②　　B.①④　　C.②③　　D.③④

10.2023年8月14日,由云浮市委组织部、市委党校联合举办的云浮市“十万党员进党校”集中培训示范班开班。培训班以市级为主课堂、县镇68个分课堂同步视频授课的方式进行,全市5000多名来自农村、社区、机关事业单位、国企、两新等各领域的党员和党务工作者,各级“两优一先”代表和党代表等党员参加培训。这反映出云浮市委(　　)。

①与时俱进,通过党的建设保持党的先进性和纯洁性

②全面加强党员队伍建设,以奠定党组织坚不可摧的基础

③发展和壮大党员队伍,让更多的群众加入党的组织

④通过培训教育党员维护人民群众利益,放弃个人利益

A.①②　　B.①④　　C.②③　　D.③④

三、简答题

1.简述党是最高政治领导力量的表现。

2.为什么要坚持党的全面领导?

3.如何加强党的领导？

四、论述题

结合实际，谈谈在新时代如何坚持和加强党的全面领导。

五、材料分析题

1.阅读下列材料，并按要求作答。

“时代是出卷人，我们是答卷人，人民是阅卷人。”习近平总书记以简洁凝练的语言、形象生动的比喻，对中国共产党应该如何看待自己作为执政党的地位和作用，给出了新的自我定位和目标追求。这个时代使中国的发展站到一个更高层级的历史方位上，中国共产党人的初心和使命，就是为中国人民谋幸福，为中华民族谋复兴。人民好，国家才会好。实现全面建成小康社会要得到人民认可、经得起时间和历史检验；实现中华民族伟大复兴，必须顺应时代潮流、顺应人民意愿。

结合材料，运用所学知识，分析“时代是出卷人，我们是答卷人，人民是阅卷人”的原因。

2.阅读下列材料，并按要求作答。

在革命、建设和改革的每一个重要历史关头，中国共产党无不通过自我革命主动校正航向、推动事业发展。党的十八大以来，以习近平同志为核心的党中央推进全面从严治党，以刀刃向内的勇气向党内顽瘴痼疾开刀，使中国共产党在革命性锻造中“身子骨”更硬朗。

中国共产党为什么能不断创造奇迹？这是世界都在不断追寻答案的问题。结合材料，运用“中国共产党的领导”的知识，说说中国共产党能不断创造奇迹的原因。

第8课 用制度体系保证人民当家作主

知识梳理

一、我国的国体与政体

1.人民民主专政是我国的国体

我国是工人阶级领导的、以工农联盟为基础的人民民主专政的社会主义国家,国家的一切权力属于人民。人民民主专政是我国的国体,它明确规定了社会各阶级在国家中的地位,庄严宣示了我国国家政权的人民性质。

2.人民代表大会制度是我国的根本政治制度

人民代表大会制度是与我国人民民主专政的国体相适应的政权组织形式,是我国的政体,是支撑中国国家治理体系和治理能力的根本政治制度。

二、我国的基本政治制度

1.中国共产党领导的多党合作和政治协商制度

中国共产党领导的多党合作和政治协商制度是我国的一项基本政治制度。在中国,除了中国共产党,还有八个民主党派。在人民民主的共同旗帜下,中国共产党和各民主党派奉行“长期共存、互相监督、肝胆相照、荣辱与共”的方针,形成了具有鲜明中国特色和显著优势的新型政党制度。

2.民族区域自治制度

民族区域自治制度是在国家统一领导下,在各少数民族聚居的地方设立自治机关,依法行使自治权的制度。民族区域自治制度是我国的一项基本政治制度,是中国特色解决民族问题的正确道路的重要内容和制度保障。

3.基层群众自治制度

基层群众自治制度是我国的一项基本政治制度,是社会主义民主政治建设的基础和重要组成部分。基层群众自治制度是党领导人民群众在城乡社区治理、基层公共事务和公益事业中依法自我管理、自我服务、自我教育、自我监督,推动基层直接民主的新创造、新实践。

素养提升

“中国制度”的深厚历史底蕴

近年来，许多国家纷纷“向东看”，希望探寻中国巨变的“发展哲学”，解开中国奇迹的“制度密码”。人们想知道，“中国制度”何以在实践中显现出强大的适应性和生命力？

知所从来，才能明其将往。理解中国特色社会主义制度，需要有更大的历史坐标，把握其深刻的历史逻辑。

在几千年的历史演进中，中华民族创造了灿烂的古代文明，形成了关于国家制度和国家治理的丰富思想。从“大道之行，天下为公”的大同理想，到“民惟邦本，本固邦宁”的民本思想；从“孝悌忠信，礼义廉耻”的道德操守，到“周虽旧邦，其命维新”的改革精神……这些思想中的精华，是中华优秀传统文化的重要组成部分，也是中华民族精神的重要内容。马克思主义传入中国后，科学社会主义的主张受到中国人民的热烈欢迎，并最终扎根中国大地、开花结果。但这绝不是偶然的，而是由我国历史传承和文化传统决定的，是同我国传承了几千年的优秀历史文化和广大人民群众日用而不觉的价值观念融通的。

中国在人类发展史上曾经长期处于领先地位，逐步形成一整套国家制度和国家治理体系。进入近代以后，无数仁人志士为改变当时中国面临的落后挨打的局面，开始探寻新的国家制度和国家治理体系。

新中国成立后，我们党团结带领人民完成社会主义革命，确立社会主义基本制度，为当代中国的发展和进步奠定了根本政治前提和制度基础。改革开放以来，我们党团结带领人民开创了中国特色社会主义，使当代中国焕发出前所未有的生机活力。特别是党的十八大以来，以习近平同志为核心的党中央推进全面深化改革，推动中国特色社会主义制度更加完善，国家治理体系和治理能力现代化水平明显提高。

制度是定国安邦之根本，制度稳则国家稳。经过实践已充分证明，中国特色社会主义制度和国家治理体系是以马克思主义为指导、植根中国大地、具有深厚中华文化根基、深得人民拥护的制度和治理体系，是党和人民长期奋斗、接力探索、历尽千辛万苦、付出巨大代价取得的根本成就。我们必须倍加珍惜，毫不动摇坚持、与时俱进发展。

历史照亮未来，征程未有穷期。回望走过的路，远眺前行的路，我们更加坚定制度自信。奋进新时代，逐梦新征程，推动中国特色社会主义制度不断自我完善和发展，必将创造新的、更大的奇迹。

【思考】

没有坚定的制度自信就不可能有全面深化改革的勇气，我们应该如何坚定制度自信？

习题演练

一、填空题

1.我国是__________领导的、以__________为基础的人民民主专政的社会主义国家，国家的一切权力属于人民。

2.____________是我国的国体，它明确规定了社会各阶级在国家中的地位，庄严宣示了我国国家政权的人民性质。

3.人民民主专政的本质是____________，必须充分发扬社会主义民主，体现人民意志、保障人民权益、激发人民创造活力，用制度体系保证人民当家作主。

4.________________________是我国的政体，是支撑中国国家治理体系和治理能力的根本政治制度。

5.________________________突出强调权为民所赋，最充分地体现了社会主义国家的本质要求，在我国政治制度体系中居于核心地位。

6.________________________是最高国家权力机关，地方人民代表大会是地方国家权力机关。

7.中国共产党和各民主党派奉行"长期共存、____________、肝胆相照、____________"的方针，形成了具有鲜明中国特色和显著优势的新型政党制度。

8.________________________是多党合作和政治协商的首要前提与根本保证。

9.________________________是我国的一项基本政治制度，是中国特色解决民族问题的正确道路的重要内容和制度保障。

10.________________________增强了基层群众的民主意识和民主能力，培养了基层群众的民主习惯，充分彰显了中国民主的广泛性和真实性。

二、选择题

1.为推进社会保险法全面贯彻实施，全国人大常委会于 2024 年 6 月 4 日正式启动社会保险法执法检查。此次执法检查采取执法检查组赴地方检查、委托省级人大常委会检查相结合的方式。由此可见，全国人大常委会(　　)。

①依法行使监督权，切实提升社会保障水平

②坚持民主集中制，维护法律权威

③作为全国人大的职能部门，代行全国人大的部分职权

④是我国的法律监督机关，推动法律实施

A.①②　　B.①③　　C.②④　　D.③④

2.我国必须坚持人民民主专政，这是因为(　　)。

①人民民主专政是民主与专政的统一

②人民民主专政就是人民当家作主

③坚持人民民主专政作为四项基本原则之一，是我国的立国之本，已被写入我国宪法

④坚持人民民主专政是社会主义现代化建设的政治保障

A.③④　　B.①②　　C.②③　　D.②④

3.2024 年是全国人民代表大会成立 70 周年。70 年来，人民代表大会制度为党领导人民创造经济快速发展奇迹和社会长期稳定奇迹提供了重要制度保障。特别是新时代以来，人民当家作主制度体系不断健全，人民代表大会制度更加成熟更加定型。这充分证明人民代表大

会制度(　　)。

①是我国的基本政治制度,充分体现了社会主义国家的本质要求

②符合我国国情和实际,是保障实现中华民族伟大复兴的好制度

③为新时代党和国家事业发展提供了根本遵循

④广泛调动了人民群众建设社会主义的积极性、主动性和创造性

A.①③　　　B.①④　　　C.②③　　　D.②④

4.2023 年 10 月 31 日以来,最高人民检察院邀请部分全国人大代表围绕"以高质效检察履职服务保障经济社会高质量发展"主题视察浙江检察工作。代表们对浙江检察工作给予充分肯定,并围绕护航民营经济、助力乡村振兴、生态环境保护等方面提出意见和建议。这表明(　　)。

①检察机关自觉接受监督,服务经济社会发展

②人大代表认真履行民主监督的国家职能

③人大代表采取多种方式听取意见和建议,帮助地方人民政府推进工作

④民主集中制是我国国家机构的组织与活动原则

A.①③　　　B.①④　　　C.②③　　　D.②④

5.2024 年 7 月 12 日,全国政协围绕"统筹乡村基础设施和公共服务布局"主题召开双周协商座谈会,多名全国政协委员同国家发展和改革委员会、农业农村部、国家卫生健康委员会相关负责同志,以及有关专家、基层代表共聚一堂,为了把农民关心的事情办好而汇聚智慧。这表明(　　)。

A.政协创新协商方式,凝聚了各方合作共识

B.政协助力乡村振兴,统筹了城乡融合发展

C.政协积极参政议政,推进了科学民主决策

D.政协创新治理模式,提升了基层治理效能

6.党的十八大以来,习近平总书记审古今之变、察时代之势,作出"铸牢中华民族共同体意识"这一重大原创性论断,为新时代党的民族工作和民族地区各项工作确立了鲜明主线。铸牢中华民族共同体意识(　　)。

A.有利于消除民族差距,实现民族平等、民族团结

B.有利于巩固和发展社会主义民族关系

C.有利于增强民族凝聚力,实现各民族同步富裕

D.是我国实行民族区域自治制度的前提和基础

7.2023 年 9 月 19 日第九次全国对口支援新疆工作会议召开,来自 19 个援疆省市、自治区和兵团等相关部门及各受援地的参会代表,齐聚一堂,共商对口支援大计,同心描绘美丽新疆更美好的未来。代表们纷纷表示,要聚焦铸牢中华民族共同体意识主线,以高度使命感推动对口援疆工作更高质量开展,在中国式现代化进程中更好建设美丽新疆。对口援疆(　　)。

A.体现了我国在民族团结的基础上和谐相处、共同奋斗

B.有利于促进各民族共同繁荣,铸牢中华民族共同体意识

C.对在中国式现代化进程中更好建设美丽新疆起决定性作用

D.为发展平等、团结、互助、和谐的社会主义民族关系奠定了坚实基础

8.新业态发展到哪里,党的组织和服务就推进到哪里。某地通过成立行业党建联盟为新就业群体提供各种暖心服务,并聘请他们担任红色物业监督员、社区兼职网格员。新就业群体在感受温暖、承担责任的过程中真正融入社区。该地做法(　　)。

A.提升了新就业群体参与民主管理的热情与能力

B.充分体现了我国基层群众自治制度的显著特点

C.在基层治理中发挥了共产党员的先锋模范作用

D.推动了基层群众自治组织的结构形式不断创新

9.J 村村委会立足实际,不断丰富和提升基层自治"维度"和"高度",走出一条具有 J 村特色的基层自治之路:严格"四议两公开"制度,对村内"三重一大"事项实行集体决策;做好村务公开工作,在村委会公告栏和"社区通"平台及时更新公开信息。以上做法(　　)。

①保障了村民直接行使民主权利

②完善了基层群众自治组织结构

③有利于村民有效监督村委会的工作

④扩大了村民参与本村公共事务的范围

A.①②　　　　B.①③　　　　C.②④　　　　D.③④

10.全国民族团结进步表彰大会于 2024 年 9 月 27 日上午在北京举行。习近平总书记强调,要全面贯彻新时代中国特色社会主义思想特别是党关于加强和改进民族工作的重要思想,坚持以铸牢中华民族共同体意识为主线,不断推进民族团结进步事业,推动新时代党的民族工作高质量发展,推进中华民族共同体建设,为以中国式现代化全面推进强国建设、民族复兴伟业而不懈奋斗。这表明(　　)。

①民族团结是我国实行民族区域自治制度的前提和基础

②自治权是民族区域自治制度的核心内容

③我国坚持民族平等、民族团结、各民族共同繁荣的方针

④铸牢中华民族共同体意识,有利于巩固和发展社会主义新型民族关系

A.①②　　　　B.①③　　　　C.②④　　　　D.③④

三、简答题

1.简述我国实行民族区域自治制度的意义。

2.简述人民代表大会制度的优越性。

3.简述基层群众自治制度的主要内容和意义。

四、论述题

结合实际，论述我国的制度体系是如何保证人民当家作主的。

五、材料分析题

1.阅读下列材料,并按要求作答。

近年来,M县以自然村为单元建立跨组党支部(党小组),健全“村党组织—跨组党支部—网格党小组—党员中心户”组织架构,建立湾组(楼栋)党小组4104个,推选党员中心户8431人。由网格员和社区党员带头召开居民议事会议,全面收集居民建议,推动37个项目纳入完整社区建设,整治网格背街小巷项目369个,各社区的硬件和环境正发生显著变化;定期召开跨组群众会、跨组夜话、跨组代表会,建立群众意见收集、以奖代补等机制,引导群众自发参与社会治理。坚持“小矛盾”调解得早,开展群众说事、民情恳谈、百姓议事、妇女议事等协商活动,让小事不出跨组。

结合材料,运用中国特色社会主义的知识,分析总结该县基层社会治理实践的有益探索。

2.阅读下列材料,并按要求作答。

欧盟、美国、英国、加拿大等国家和地区利用所谓的新疆棉花生产“强制劳动”一事对我国进行了一系列恶毒诋毁和攻击。这实际是一场针对中国的“非传统战争”,目的是要让新疆失去经济造血与就业承载能力。为此,2021年4月9日,新疆维吾尔自治区人民政府新闻发言人伊力江·阿那依提指出,新疆棉花产业和其他产业一样没有“强制劳动”,各族群众劳动者的宗教信仰、民族文化、语言文字等方面权益均依法得到了尊重和保障,劳动报酬权、休息休假权、劳动安全卫生保护权、获得社会保险福利权等权利同样依法得到了切实保障。“生活幸不幸福,新疆各族群众才最有发言权”。

运用民族区域自治制度有关知识,分析如何推动新疆各族人民各方面权益依法得到切实保障。

第9课　发展社会主义民主政治

知识梳理

一、发展全过程人民民主

1.全过程人民民主是社会主义民主政治的本质属性

全过程人民民主是社会主义民主政治的本质属性，实现了过程民主和成果民主、程序民主和实质民主、直接民主和间接民主、人民民主和国家意志相统一，是全链条、全方位、全覆盖的民主，是最广泛、最真实、最管用的民主。

2.坚持走中国特色社会主义政治发展道路

发展全过程人民民主，必须坚定不移走中国特色社会主义政治发展道路，坚持党的领导、人民当家作主、依法治国有机统一。党的领导是人民当家作主和依法治国的根本保证，人民当家作主是社会主义民主政治的本质特征，依法治国是党领导人民治理国家的基本方式，三者是相辅相成的有机整体，统一于我国社会主义民主政治伟大实践。

二、维护祖国统一和民族团结

1.坚持和完善"一国两制"，推进祖国统一

"一国两制"就是在统一的国家之内，国家主体实行社会主义制度，个别地区依法实行资本主义制度。"一国两制"是党领导人民实现祖国和平统一的一项重要制度，是国家的一项基本国策，是中国特色社会主义的伟大创举。

2.铸牢中华民族共同体意识

铸牢中华民族共同体意识，就是要引导各族人民牢固树立休戚与共、荣辱与共、生死与共、命运与共的共同体理念。

素养提升

精辟讲述立法监督等国家治理中的人大故事

自2006年劳动合同法草案在中国人大网征求意见以来，至2021年已有240部法律通过网站公开征求意见，140多万人提出了500多万条意见。2015年全国人大常委会法工委在上海市虹桥街道等地建立了第一批基层立法联系点，到2020年，基层立法联系点已增至10个，

先后就109部法律草案和立法计划，向基层立法联系点征求意见，收到意见6600多条。

在2020年未成年人保护法修订草案征求意见时，华东政法大学附属中学的一群中学生向虹桥基层立法联系点提出了修改意见，包括课外补习班、教师惩戒权、预防青少年沉迷网络等问题。当时法律草案二审稿规定监护人不尽监护责任，可以责令缴纳和没收保证金。同学们提出，每个未成年人家庭经济条件不同，如进行经济处罚，可能会加重一些家庭的负担，反而不利于未成年人成长，建议以教育为主。法工委研究后，采纳了这一意见，删除了缴纳和没收保证金的规定。

有民众对物权法草案等提出的意见是一封没有字的信。这封信到了立法机关后，工作人员拆开一看，没有一个字，只有密密麻麻的针眼。猜测这可能是一封用盲文写成的信，就专门拿着这封信求助盲文专家，翻译后，确实是用盲文对法律草案提出的意见。经了解，是山东的一位视力障碍患者孙东，针对环境污染、野生动植物资源保护等涉及社会公益事业的问题，用盲文写信提出了15条具体建议。立法机关对这些建议非常重视，逐条分析，有针对性地对草案进行修改完善。普通民众参与立法工作的权利得到充分保障是民主立法的充分体现，是全过程人民民主的生动实践，是诸多立法故事中的精彩瞬间。

人民代表大会制度是人类政治制度史上的伟大创造，是中国人民翻身作主、掌握自己命运的必然选择。

【思考】

青年是民主政治发展、社会生活变迁中最活跃的因素，青年群体的社会参与是中国式现代化发展的重要组成部分。我们应该如何增强法治意识和政治参与意识？

习题演练

一、填空题

1.__________是社会主义民主政治的本质属性，实现了过程民主和成果民主、程序民主和实质民主、直接民主和间接民主、人民民主和国家意志相统一。

2.全过程人民民主是全链条、全方位、全覆盖的民主，是__________、__________、最管用的民主。

3.全体人民依法实行__________、__________、民主决策、__________、民主监督，依法通过各种途径和形式管理国家事务，管理经济和文化事业，管理社会事务。

4.__________，就是在中国共产党领导下，人民内部各方面围绕重大问题和涉及群众切身利益的实际问题，在决策之前和决策实施之中开展广泛协商，努力形成共识。

5.发展全过程人民民主，必须坚定不移走中国特色社会主义政治发展道路，坚持______、__________、依法治国有机统一。

6.__________是党领导人民治理国家的基本方式。

7.__________是党领导人民实现祖国和平统一的一项重要制度，是国家的一项基本国策，是中国特色社会主义的伟大创举。

8.铸牢＿＿＿＿＿＿＿＿＿＿，就是要引导各族人民牢固树立休戚与共、荣辱与共、生死与共、命运与共的共同体理念。

二、选择题

1.近年来，我国公安机关积极与各国各地区相关机构与组织共同进行反诈行动，捣毁境外诈骗窝点、逮捕遣返犯罪嫌疑人、拦截非法外流资金，以更紧密的合作、更主动的攻势、更专业的行动，凝聚起打击电信网络诈骗的合力。下列对此解读正确的是(　　)。

①我国人民民主专政的国体要与国家职能相适应

②国家坚决维护国家稳定和人民群众的合法权益

③履行专政职能是坚持人民民主专政的应有之义

④社会主义民主是最广泛、最真实、最管用的民主

A.①②　　B.①④　　C.②③　　D.③④

2.为切实走好网上群众路线，更好地听民声、解民忧、办实事，打通线上问题线下解决的有效渠道。2022 年底，廊坊市在市委、市政府官方政务新媒体“廊坊发布”微信公众号开办“接诉即办”问题收集专栏，切实问民所需，随时解民所忧，真心解决群众实际困难。这是因为(　　)。

A.创新为人民服务的新路径

B.国家应该为公民解决难题

C.公民维权是我国民主特点

D.我国人民当家作主的制度优势

3.民主是什么？对于中国的老百姓来说，民主就是用来解决问题的，大家的事情大家商量着办，这蕴含着中国民主的真谛。在浙江温岭，民主恳谈会如期举行，会上人们建言献策，也不乏观点交锋与僵持，20 多年来，温岭共召开民主恳谈会 3 万余场，解决了环境污染、旧城改造等许多民生问题，从温岭的实践来看(　　)。

A.协商民主是完善基层民主制度的主要方向

B.民主恳谈可以成为基层民主协商的典型形式

C.协商民主是解决纠纷、化解矛盾的法律途径

D.协商民主制度是发展全过程人民民主的关键环节

4.党的二十大报告指出：“人民民主是社会主义的生命，是全面建设社会主义现代化国家的应有之义。全过程人民民主是社会主义民主政治的本质属性，是最广泛、最真实、最管用的民主。必须坚定不移走中国特色社会主义政治发展道路，坚持党的领导、人民当家作主、依法治国有机统一，坚持人民主体地位，充分体现人民意志、保障人民权益、激发人民创造活力。”材料告诉我们(　　)。

①全过程人民民主是我国社会主义民主政治的鲜明特点

②充分彰显我国民主是全体公民最广泛、最真实、最管用的民主

③中国民主建设智慧和方案为其他各国民主提供了样板

④全过程人民民主丰富发展了我国民主理论

A.①②　　B.①④　　C.②③　　D.③④

5.习近平总书记指出:“中国梦归根到底是人民的梦,必须紧紧依靠人民来实现,必须不断为人民造福。”“中国梦归根到底是人民的梦”根本原因在于(　　)。

A.我国是人民民主专政的社会主义国家

B.社会主义民主是最广泛的民主,是全民的民主

C.我国已经建立了保障人民当家作主的制度体系

D.我国国家政权最大限度地调动一切因素

6.2024年3月6日下午,财政部部长蓝佛安在十四届全国人大二次会议经济主题记者会上介绍,经过持续多年的努力,我国建成了世界上规模最大的教育体系、社会保障体系、医疗卫生体系,我们现在的基本养老保险覆盖近11亿人,医保参保人数超过13亿人,有4400万人被纳入低保和特困救助范围。这些数据折射出(　　)。

①我国国家政权的人民性质

②人民当家作主的主人翁意识不断增强

③扩大老年人的权利是社会主义民主的生动实践

④我国社会主义民主是最广泛、最真实、最管用的民主

A.①③　　B.①④　　C.②③　　D.③④

7.在台湾问题上中国态度历来非常坚定:世界上只有一个中国,台湾是中国领土不可分割的一部分,台湾问题纯属中国内政,不容任何外来干涉。在涉及中国主权和领土完整等核心利益问题上,中方没有任何妥协退让余地。由此可见(　　)。

①台湾是中国的一部分,是中国的一个地方行政区域

②国家主权是一个国家对其管辖区域所拥有的至高无上的、排他性的政治权力

③历史、文化等因素决定了我国只能是单一制国家

④地方必须服从中央,国家政权是国家安全的核心

A.①②　　B.②④　　C.①③　　D.③④

8.2022年12月23日,国家主席习近平在会见来京述职的香港特别行政区和澳门特别行政区行政长官时强调,“一国两制”是中国特色社会主义的伟大创举,是香港、澳门回归后保持长期繁荣稳定的最佳制度安排。香港、澳门要加速融入国家发展大局,国家发展为“香江传奇”提供坚强后盾,不断彰显“一国两制”强大生命力和制度韧性。香港、澳门的繁荣稳定充分说明(　　)。

①中央全面管治权与特别行政区固有的自治权可以有机统一

②保持港澳的独特优势符合国家的根本利益

③我国单一制结构形式相比联邦制具有无可比拟的优越性

④“一国两制”符合我国国情,能够守护港澳行稳致远

A.①②　　B.①③　　C.②④　　D.③④

9.2023年4月中旬,苏丹国内突然发生大规模内乱。为了保障在苏丹的中国公民生命和财产安全,4月26日中国海军急调军舰奔赴苏丹,执行撤侨任务。中国驻苏丹大使馆保证,不放弃

任何一个同胞。截至4月29日,已有1300多名中国公民从苏丹安全转移。这表明(　　)。

①我国作为民主制国家,是民主与专政的统一

②强大祖国永远是广大海外侨胞最坚强的后盾

③我国以人民安全为根本,将人民生命安全置于首位

④国家行使管辖权,切实维护海外侨胞合法权益

A.①②　　B.①③　　C.②④　　D.③④

10.民主是全人类共同的价值,是现代文明社会的显著标志。全过程人民民主是社会主义民主政治的本质属性,是最广泛、最真实、最管用的民主。中国特色社会主义民主政治制度,包括根本政治制度和基本政治制度,这是全过程人民民主的制度保障。下列选项对应正确的是(　　)。

①基层群众自治制度——社会主义民主广泛而深刻的实践

②人民代表大会制度——保证了人民掌握和行使国家权力

③健全人民当家作主制度体系——为全过程人民民主提供了完整的制度保障

④国体与政体的关系——国体决定政体,政体体现国体,世界各国政体相同

A.①②　　B.②③　　C.①④　　D.③④

三、简答题

1.简述人民代表大会制度的基本内容。

2.简述中国特色社会主义制度的优势。

3.简述民族区域自治制度的优越性。

四、论述题

结合实际,谈谈如何发展社会主义民主政治。

五、材料分析题

1.阅读下列材料,并按要求作答。

材料1:每年的全国两会都是全过程人民民主的生动展示。从广泛吸收各方意见,起草编制规划纲要,到党的十九届五中全会审议通过《中共中央关于制定国民经济和社会发展第十四个五年规划和二〇三五年远景目标的建议》,再到规划纲要草案提交十三届全国人大四次会议审查,会定批准这个规划纲要。规划纲要凝聚着全党全社会的智慧,承载着亿万人民的期盼。

材料2:十三届全国人大三次会议期间,人大代表提出的建议交由194家承办单位办理并答复;全国政协十三届三次会议以来,政协委员、政协各参加单位提出的提案办复率达

99.64%。有督办、有回音、有落实，推动解决了一批群众关心、社会关注的重点和难点问题。

结合材料，说明全过程人民民主是社会主义民主政治的本质属性这一内容。

2.阅读下列材料，并按要求作答。

1953 年 2 月，新中国第一部选举法诞生，我国的社会主义选举制度由此确立。改革开放以来，我国选举制度经历了历史性跨越：1979 年选举法修订，把直接选举人大代表的范围由乡镇一级扩大到县一级，将等额选举改为差额选举；2010 年，选举法再次修订，将城乡按不同人口比例产生人大代表改为按相同人口比例产生人大代表，全面实现了选举权的平等。

结合材料，思考在我国除了投票选举，公民参与政治生活的途径和方式还有哪些？请列举实例加以说明。

第四单元

中国特色社会主义文化建设

单元整体解读

中国特色社会主义文化建设是新时代推进中国特色社会主义事业的重要动力，是满足人民日益增长的美好生活需要的文化基础，是实现中华民族伟大复兴的重要保障。

在本单元，我们将了解中国特色社会主义文化的内容和价值，坚定文化自信自强；感悟世界文明的多样性，懂得文化交流与文明互鉴的意义；领会推动中华优秀传统文化创造性转化、创新性发展的重要意义；坚持社会主义核心价值体系，践行社会主义核心价值观。

单元目标聚焦

◆知识目标

(1)了解中国特色社会主义文化的内涵。感悟世界文明的多样性，懂得文化交流与文明互鉴的意义。

(2)理解社会主义核心价值观的内容和意义。

◆能力目标

(1)坚定文化自信和增强文化创新能力。

(2)积极参与中国特色社会主义文化建设，自觉遵循和践行社会主义核心价值观，坚持社会主义核心价值体系。

◆素质目标

(1)增强对中华优秀传统文化、革命文化、社会主义先进文化的认同，坚定文化自信。

(2)认识中国特色社会主义文化对社会发展和个人成长的重要作用，牢固树立社会主义核心价值观，自觉践行劳动精神、劳模精神和工匠精神，不断提升职业道德境界。

第10课　文化自信与文明交流互鉴

知识梳理

一、繁荣发展中国特色社会主义文化

1.传承中华优秀传统文化

中华优秀传统文化的主要内容包括核心思想理念、中华传统美德和中华人文精神等。

2.弘扬革命文化

革命文化承载着党和人民对国家独立、民族解放、人民幸福的不懈追求，是新时代中国特色社会主义文化的重要组成部分。

3.发展社会主义先进文化

社会主义先进文化集中体现了当代中华民族的精神追求，为实现社会主义现代化和中华民族伟大复兴中国梦提供精神动力。

二、促进文化交流文明互鉴

1.世界文明的多样性

在浩瀚的历史长河中，人类创造了绚丽多彩的文明。文明因多样而交流，因交流而互鉴，因互鉴而发展。

2.文化交流与文明互鉴

平等相待，尊重包容。兼收并蓄，辩证取舍。与时俱进，创新发展。

素养提升

用年轻的方式，托举传统文化

20岁出头的年纪，对于许多人而言，正是初入社会面对人生新阶段既兴奋、又有些迷茫的时候。然而，有这样一群年轻人，他们已经做出了自己的选择，选择为一项项古老而又生机勃发的技艺而奉献青春。

郎佳子彧是北京大学的一名硕士研究生，他的另一个身份则是“北京面人非遗传承人”。在抖音上，他不断发布融合时下热点的面人作品，践行着自己的个性签名“用年轻的方式，分

享中国非遗文化”;安久·索南完加自小就与黄陶工艺结缘,来自世代辈出手工艺名家的安久家族的他从高中起就担当起了继承传统技艺、发扬黄陶艺术的使命,“带动当地人就业,让年轻人看到就业的多种可能性”是他最骄傲的事;陈浩归看到家乡的手工木梳被列为濒危非遗项目后感触颇深,于是找到了东阳市唯一会做木梳的老师傅,花了三年半的时间掌握木梳制作的全部流程……

在这个信息爆炸,思想、文化、科技发展多元化的时代,不时有人唱衰来自传统文化中的“老家伙”们,亦有“有识之士”认为各种需要静心钻研的古老技艺成为绝唱。但是,当浮华褪去,人们发现传统技艺在当今这个日新月异的时代仍然熠熠生辉,新一代的年轻人也带着饱满的热情登上了非遗的舞台,凭借自身力量将非遗文化与数字化时代有机结合,努力使传统艺术更好地走进大众生活。

青春不止有一种姿态,传承与创新都是当代青年不可舍弃的责任。不过传承本身不是目的,只有通过与时代需求相结合的创新,实现中华文化的更好发展,才是新一代年轻传承人的理想所在。借助新媒体与新形势,加以新一代年轻人的锐气与勇气,传统文化走进现代生活曙光已现,非遗传承亦可青春常在。

【思考】

中华文明博大精深,是中华民族独特的精神标识,同样也是青年成长成才最深厚的土壤、最宝贵的养分。我们应该如何传承中华优秀传统文化,为文化传承发展注入青春力量?

习题演练

一、填空题

1.____________代表着中华民族独特的精神标识,是中华民族生生不息、发展壮大的丰厚滋养。

2.中华优秀传统文化的主要内容包括核心思想理念、____________和____________等。

3.____________是凝聚和激励全国各族人民的重要力量,是综合国力的重要标志。

4.____________集中体现了当代中华民族的精神追求,为实现社会主义现代化和中华民族伟大复兴中国梦提供精神动力。

5.应以海纳百川的宽广胸怀打破文化交往的壁垒,以____________的态度汲取其他文明的养分,促进文明在交流互鉴中共同前进。

6.文明永续发展,既需要薪火相传、代代守护,更需要____________、____________。

7.要实施中华优秀传统文化传承发展工程,推动中华优秀传统文化__________、__________,增强全社会文物保护意识,加大文化遗产保护力度。

二、选择题

1.下列对文化交流与文化交融的关系认识正确的是(　　)。

A.文化交流过程发生的是量变　　B.文化交融过程发生的是质变

C.文化交流以文化交融为前提　　D.文化交融以文化交流为基础

2.四川广汉三星堆将粽子玩出了新花样,以三星堆荣耀觉醒IP打造的文创粽子让人眼前一亮,深得大家喜爱。这款文创粽子以三星堆青铜面具为主创元素,外包装采用青铜绿为主色调,馅料突破了传统,将东坡肉融入其中,不仅可以品尝到可口的粽子,而且能感受到三星堆古蜀文明的文化魅力。以下说法正确的是( )。

①三星堆文创粽子的打造体现了物质决定作用和意识能动作用的统一

②品味三星堆文创粽子可让消费者真实全面地感受到古蜀文明的魅力

③三星堆文创粽子的打造源于人们的想象力和创造力

④三星堆文创粽子的畅销反映了人们对三星堆古蜀文化的热爱

A.①② B.①④ C.②③ D.③④

3.近年来,苏州以"激活"作为保护传承工作的关键词,通过城市更新项目让历史文化与现代生活融为一体,很多在古城内被修缮后的古建老宅通过活化利用得以焕发新生。对古建老宅的"激活"( )。

①体现老宅具有历久弥新的文化特质和价值禀赋

②促进了文化交流与交融,增强了文化自信

③有利于发挥中华优秀传统文化的积极作用

④说明古建老宅已成为中华民族共同的精神标识

A.①③ B.①④ C.②③ D.②④

4.国家主席习近平在复信希腊学者时指出:"中华文明源远流长,古希腊文明影响深远。2000多年前,中希两大文明在亚欧大陆两端交相辉映,为人类文明演进作出了奠基性的重大贡献。现在,两国建立中希文明互鉴中心,致力于推动中希文明交流互鉴、促进各国文明发展,具有十分重要的历史和时代意义。"这表明两国文明交流互鉴有利于( )。

①增进彼此文化的认同,促进人类文化的发展

②彰显中希文化优越性,增强中华文化影响力

③尊重差异,理解个性,促进世界文化繁荣

④求同存异,兼收并蓄,维护文化的多样性

A.①③ B.②④ C.②③ D.③④

5.中华文化是一个恢宏的整体,融合了各具鲜明特色的区域文化和民族文化。各族人民对共同拥有的中华文化具有强烈的认同感,这主要显示了( )。

A.中华文化古代辉煌的历程

B.中华文化源远流长的基本特征

C.中华文化的博大精深

D.中华民族厚重的文化底蕴和强大的民族凝聚力

6.改革开放以来,中国共产党带领人民成功开创、坚持和发展了中国特色社会主义。中国特色社会主义的"特色"在哪里?下列认识正确的是( )。

①制度特色:形成了能确保中华民族实现伟大复兴的制度和治理体系

②理论特色:从新的实践和时代特征出发完成了理论探索和创新

③民族特色:根植于中国大地,全面继承和弘扬中华民族传统文化

④道路特色:开辟了既符合中国国情又适合时代发展要求的正确道路

A.①② B.①④ C.②③ D.③④

7.习近平主席向世界中国学大会·上海论坛致贺信并指出,溯历史的源头才能理解现实的世界,循文化的根基才能辨识当今的中国,有文明的互鉴才能实现共同的进步。这说明(　　)。

①中华优秀传统文化的特殊性体现并包含着世界文化的普遍性

②中华优秀传统文化能为认知当代中国发展中的问题提供借鉴

③坚持开放包容的胸怀能够为中华文化繁荣发展提供更多营养

④坚守中华文化立场是推动当代中国文化发展进步的根本立场

A.①② B.①④ C.②③ D.③④

8.回顾党的百年奋斗史,我们党之所以能够在革命、建设、改革各个历史时期取得重大成就,能够领导人民完成中国其他政治力量不可能完成的艰巨任务,根本在于掌握了马克思主义科学理论,并不断结合新的实际推进理论创新,使马克思主义在中国焕发出强大生命力,使党掌握了强大的真理力量。这表明(　　)。

①马克思主义只有与本国具体国情相结合才能发挥积极作用

②马克思主义中国化时代化推动了中国革命、建设和改革的发展

③文化发展必须保持开放的心态,借鉴和吸收外来文化

④马克思主义科学理论传入中国直接解决了中国的问题

A.①② B.①③ C.②④ D.③④

9.文化和旅游部在海外推出"欢乐春节"系列活动,华侨华人自发举办春节联欢会和庙会,剪纸、花灯等中国元素走进了海外商场街道……丰富多彩的活动,不仅承载着"团圆和谐""亲情友爱""和合为贵"的中国文化理念,也温暖着每一个参与其中的人。在海外推出"欢乐春节"系列活动可以(　　)。

①增强海外华侨华人对中华文化的认同感

②提高海外华侨华人抵御落后文化的能力

③促进中华文化与其他民族文化交流融合

④为进行有价值的文化创造提供源头活水

A.①③ B.①④ C.②③ D.③④

10.习近平文化思想强调植根传统文化沃土汲取治国理政智慧,如以人民为中心的发展思想,继承和发展了"民为邦本,本固邦宁"的民本理念;新时代人才强国战略,赓续和弘扬了"为政之要,惟在得人"的重贤理念……由此可见(　　)。

A.中华文化具有强大的凝聚力和连续性

B.中华优秀传统文化要不断增强其包容性

C.习近平文化思想赋予中华优秀传统文化新的时代内涵

D.人类文化发展的历史是一幅不同文化交流交融的画卷

三、简答题

1.简述文化自信的重要意义。

2.谈谈你对文明交流互鉴的理解。

3.如何推动文化自信与文明交流互鉴共同发展？

四、论述题

结合实际，谈谈在新时代如何坚定文化自信，促进文明交流互鉴。

五、材料分析题

1.阅读下列材料，并按要求作答。

当前，国际上各种思想文化交流交融交锋更加频繁，一些西方国家凭借经济、科技优势加快文化输出，进行文化渗透，推行文化霸权。在这样的背景下要保持我国文化发展的自主性，建设社会主义文化强国，更加需要培养高度的文化自信，同时要做到“各美其美，美人之美，美美与共，天下大同”。处理外来文化的态度，要有广大的胸怀和对他人的理解，同时要对自己的文化懂得反思，明白它的来历，这样才能取长补短。

结合材料，运用所学知识谈谈我国应如何面对各种文化的交流与交融。

2.阅读下列材料,并按要求作答。

杭州亚运会既是一场体育盛会,也是一场文化盛会。开幕式和闭幕式等场合呈现各国的文化特色,中国的京剧、日本的歌舞伎、韩国的传统舞蹈……杭州亚运会组织方策划了一系列多元化的活动,包括文化展览、表演、庆典等,展示了各国的传统手工艺、音乐、舞蹈等。如中国丝绸博物馆的“五彩亚细亚:亚洲服饰展”,还配套了“亚洲纺织技艺对话”活动,来自亚洲五国的10位展演人与中国的研究者和参观者现场对话;中国茶叶博物馆在“茶中日月长——亚洲茶文化展”中展出上百件展品,讲述了中华茶文化与亚洲茶文化的共生共长共美。

杭州亚运会主媒体中心的各个展示区里,陈列着玉琮、陶器、漆弓、山水画等充满浙江文化特色的展品,集中展示了国画、青瓷、越剧等具有中国特色的文化元素,设置了茶艺、扇艺、杭绣等文化互动体验活动。西湖十景、二十四节气、中国传统节日系列徽章……一大批极具特色的徽章成了国内外运动员、记者的抢手货。

杭州亚运会对促进亚洲文明交流互鉴具有重要意义。结合材料并运用中国特色社会主义知识对此加以说明。

第11课 以社会主义核心价值观引领文化建设

知识梳理

一、社会主义核心价值观

1.认识社会主义核心价值观

在当代中国,我们倡导富强、民主、文明、和谐,自由、平等、公正、法治,爱国、敬业、诚信、友善的社会主义核心价值观。

2.广泛践行社会主义核心价值观

遵循和践行社会主义核心价值观,要勤学、修德、明辨、笃实。

二、用社会主义核心价值体系凝心聚力

1.弘扬中国精神

中国精神就是以爱国主义为核心的民族精神,以改革创新为核心的时代精神。这种精神是凝心聚力的兴国之魂、强国之魂。

2.推进社会主义文化建设

全面建设社会主义现代化国家,必须坚持中国特色社会主义文化发展道路,增强文化自信,围绕举旗帜、聚民心、育新人、兴文化、展形象建设社会主义文化强国,发展面向现代化、面向世界、面向未来的,民族的科学的大众的社会主义文化,激发全民族文化创新创造活力,增强实现中华民族伟大复兴的精神力量。

素养提升

雪山回荡英雄气　风雪边关写忠诚

“你们牢记党和人民赋予的使命,坚守在生命禁区,用青春和热血守卫着祖国的神圣领土,出色完成了担负的任务。大家都是好样的!”习近平总书记曾给“高原戍边模范营”全体官兵这样回信,向他们致以诚挚的问候。

一个有希望的民族不能没有英雄,一个有前途的国家不能没有先锋。“高原戍边模范营”是一支有着优良传统的英雄部队。他们常年驻扎在平均海拔4800多米的高原上,最低气温零下40℃,每年8级以上大风200多天。但他们始终牢记党和人民赋予的使命,赓续传承“老西

藏精神”，克服了恶劣的自然环境，像一颗永不生锈的钢钉扎根在雪域高原，似一把大国利剑坚守在祖国边防第一线。

“高原戍边模范营”是人民军队的一面光辉旗帜，多年来他们在封边控边、巡逻维稳、抗震救灾等急难险重任务中始终冲在一线，先后9次获得全国全军表彰、5次被授予荣誉称号，涌现出5名一等功臣、44名二等功臣等一大批先进集体和个人。他们的事迹具有深厚的实践内涵和巨大的榜样力量。“我站立的地方是中国，我用生命捍卫守候，哪怕风似刀来山如铁，祖国山河一寸不能丢。”从巍巍昆仑山到浩瀚南沙群岛，从喀喇昆仑钢铁哨卡到新时代卫国戍边英雄群体，一代代革命军人始终以忠诚为本、奉献为荣，以身许国、精忠报国，以血肉之躯铸就了卫国戍边的钢铁长城。他们用青春和热血告诉了世人什么是亮剑精神，什么是硬骨头，什么是中国人永不磨灭的精神丰碑。

【思考】

戍边官兵用鲜血、用生命书写着新时代最美的爱国赞歌。在新时代，爱国主义又被赋予了崭新的内容和鲜明的特色，今天，我们应该如何爱国？

习题演练

一、填空题

1.在当代中国，我们倡导________、________、文明、和谐，自由、平等、公正、法治，________、敬业、诚信、友善的社会主义核心价值观。

2.富强、民主、文明、和谐是________的价值要求，自由、平等、公正、法治是________的价值要求，爱国、敬业、诚信、友善是________的价值要求。

3.____________是凝聚人心、汇聚民力的强大力量。

4.中国精神就是以________的民族精神，以________的时代精神。

5.爱国主义的本质就是坚持爱国和爱党、________高度统一。

6.________的价值取向决定了未来整个社会的价值取向。

7.坚持马克思主义在意识形态领域指导地位的根本制度，第一位的要求就是推动全党全社会全面贯彻落实____________。

8.党坚持把________放在首位、社会效益和经济效益相统一，深化文化体制改革，完善文化经济政策。

二、选择题

1.家风，作为一个家庭世代相传的价值观念和行为准则，是殷实的家底，也是无形的财富。党员干部要带头加强家风建设，弘扬清正家风，促进党风政风，带动社风民风。以良好家风推动党风政风建设，引领社风民风持续向善，这是基于良好家风（　　）。

①能不断地感染人和塑造人并引人向善

②是涵养社会主义核心价值观的重要养分

③是一个民族和国家最持久、最深层的精神力量

④为社会主义现代化建设提供智力支持

A.①②　　B.①③　　C.②④　　D.③④

2.坚持社会主义核心价值体系,是新时代坚持和发展中国特色社会主义的基本方略之一。坚持社会主义核心价值体系必须(　　)。

①牢牢掌握意识形态工作的领导权

②培育和践行社会主义核心价值观

③坚持社会思想意识多元多样

④抵制一切流行文化

A.①②　　B.①④　　C.②③　　D.③④

3.中共中央、国务院印发的《关于加强和改进新形势下高校思想政治工作的意见》提出,要弘扬中华优秀传统文化和革命文化、社会主义先进文化,实施中华文化传承工程,推动中华优秀传统文化融入教育教学,加强革命文化和社会主义先进文化教育。下面对中华优秀传统文化和革命文化、社会主义先进文化的关系理解正确的是(　　)。

①弘扬中华优秀传统文化是社会主义先进文化建设的应有之义

②革命文化是中华优秀传统文化的全部内容

③中华优秀传统文化的转化与发展是社会主义先进文化建设的内容

④三种文化都是党领导人民在革命、建设、改革中创造出来的

A.②④　　B.②③　　C.①③　　D.①④

4.习近平总书记强调:“青年要自觉践行社会主义核心价值观,与祖国和人民同行,努力创造精彩人生。”其意义在于能(　　)。

①引领社会思潮,消除文化间的差异

②满足人民日益增长的多样性物质需求

③增强全民族的文化自觉和文化自信

④为提高文化软实力凝魂聚气、强基固本

A.①②　　B.①④　　C.②③　　D.③④

5.在中华民族伟大复兴的征程上,一代又一代科学家心系祖国和人民,不畏艰难,无私奉献,为科学技术进步、人民生活改善、中华民族发展作出了重大贡献。习近平总书记指出,“新时代更需要继承发扬以国家民族命运为己任的爱国主义精神,更需要继续发扬以爱国主义为底色的科学家精神。”社会主义核心价值观中公民层面的价值准则是(　　)。

A.自由、平等、公正、法治　　B.富强、民主、文明、和谐

C.爱国、敬业、诚信、友善　　D.富强、和谐、自由、敬业

6.在中华民族伟大复兴的征程上,一代又一代科学家心系祖国和人民,不畏艰难,无私奉献,为科学技术进步、人民生活改善、中华民族发展作出了重大贡献。如果以此撰写一篇新闻稿件,最恰当的标题是(　　)。

A.调动积极因素,推动社会进步　　B.传承红色基因,凝聚奋进力量

C.丰富民族精神,筑牢民族意识　　D.弘扬科学精神,厚植爱国主义

7.加强对英烈姓名、名誉、荣誉等的法律保护，对于促进社会尊崇英烈、扬善抑恶、弘扬社会主义核心价值观意义重大。为了更好地弘扬英雄烈士精神，我国出台了《中华人民共和国英雄烈士保护法》《烈士褒扬条例》《烈士纪念设施保护管理办法》等法律法规。对英雄烈士加强立法保护是基于(　　)。

①价值观承载着一个民族和国家的精神追求

②为践行社会主义核心价值观提供根本遵循

③为人们提供精神指引，是提升全民族文明素养的需要

④不同民族、不同国家产生和形成的核心价值观各有其特点

A.①③　　B.①④　　C.②③　　D.②④

8.2023年10月24日，十四届全国人大常委会第六次会议表决通过了《中华人民共和国爱国主义教育法》。制定爱国主义教育法，以法治的形式推进和保障新时代爱国主义教育，是因为爱国主义(　　)。

①有利于振奋民族精神，凝聚人民力量

②是各族人民风雨同舟、自强不息的精神支柱

③集中体现了中华民族的整体风貌、精神特征

④为实现中华民族伟大复兴的中国梦提供智力支持

A.①②　　B.①④　　C.②③　　D.③④

9.2023年3月25日晚，《榜样7》专题节目在中央电视台首播。该节目通过八位榜样人物展现了中国共产党人坚定信念、践行宗旨、拼搏奉献、廉洁奉公的高尚品质和精神风范。焊接领域的“大国工匠”艾爱国：“做事情要做到极致，做工人要做到最好。”平昌冬奥会短道速滑男子500米冠军武大靖：“通过努力让五星红旗在国际赛场上高高升起，这是最酷最帅的一件事。”中国人民解放军航天员大队特级航天员、首位太空教师王亚平：“心有翼，自飞云宇天际；梦无垠，当征星辰大海。”下列古诗句体现上述榜样精神的是(　　)。

①非淡泊无以明志，非宁静无以致远

②苟利国家生死以，岂因祸福避趋之

③纸上得来终觉浅，绝知此事要躬行

④古人学问无遗力，少壮工夫老始成

A.①③　　B.①④　　C.②③　　D.②④

10.2022年1月26日至5月4日，中央广播电视总台联合故宫博物院和全国29家博物馆举办了“何以中国”文物展览。此次展览共展出我国本土珍贵文物130余件(套)，其中不乏如长信宫灯、藏文《四部医典》、良渚玉琮、和田“五星出东方利中国”汉代织锦护臂、三星堆青铜太阳轮等国之重器。展览采用了大量的高科技技术，首次引入增强现实、虚拟现实和多媒体技术等手段，使观众可以身临其境地体验文物的风采，讲述了“华夏大地何以中国、中华民族何以伟大、中华文明何以不朽”。“何以中国”文物展览(　　)。

①以物记事，以事叙史，建立了古今文物间的固有联系，会丰富中华文化内容

②以史为鉴，开创未来，经过既肯定又保留的过程，会推动中华文化发展

③用现代表达方式激活文物生命力，会促进中华文化传承与保护，赓续中华文化血脉
④立足中国大地，讲好中国故事，会厚植民族复兴的文化根基，增强文化自信

A.①②　　B.①④　　C.②③　　D.③④

三、简答题

1.简述社会主义核心价值观的三个层面及其内容。

2.为什么要以社会主义核心价值观引领文化建设？

3.我们青年学生，要怎样遵循和践行社会主义核心价值观？

四、论述题

结合实际，论述社会主义核心价值观在文化建设中的重要作用。

五、材料分析题

1.阅读下列材料，并按要求作答。

从《唐宫夜宴》到《纸扇书生》，再到舞蹈《洛神水赋》，《2021年河南省春节晚会》和《元宵奇妙夜》《清明奇妙游》《端午奇妙游》等节目频频出圈。河南卫视将3D、5G、VR和AR等技术融入整个舞台时空与剧情中去，给观众带来沉浸式的观看体验；莲鹤方壶、贾湖骨笛、《仕女簪花图》《清明上河图》等不再是冰冷的历史文物，而被呈现为有温度、有情感的物件；更有“唐宫小妹”、少林弟子、明堂歌女等人物符号，与新时代的青年们精神共振；《华夏》唱出五千年民族的豪放气派；《五世请缨》歌颂忠贞为国的炎黄子孙；《天地之中》《龙门金刚》和《广寒宫》则寓意千百年来的飞天梦想，呈现出中华儿女积极进取的精神品质……

“中国节日”系列节目是传承中华优秀传统文化的成功案例，结合材料，运用文化生活知识说明其成功的原因。

2.阅读下列材料,并按要求作答。

习近平总书记在参观考察红旗渠时强调指出,“要用红旗渠精神教育人民特别是广大青少年,社会主义是拼出来、干出来、拿命换来的,不仅过去如此,新时代也是如此。”红旗渠精神与社会主义核心价值观具有一致的价值意蕴。从国家层面看,红旗渠精神立足于中国特色社会主义的伟大实践,弘扬民族精神和爱国情怀。从社会层面看,红旗渠精神是中国共产党始终贯彻以人民为中心的发展思想的光辉典范。从个人层面看,红旗渠精神符合新时代加强青少年思想道德建设的现实需要,是深入开展社会主义核心价值观宣传教育,深化爱国主义、集体主义和社会主义教育的鲜活教材。

结合材料,运用“培育和践行社会主义核心价值观”的相关知识,分析如何用红旗渠精神教育好广大青少年。

第五单元

中国特色社会主义社会建设

单元整体解读

社会建设，关乎民生，关乎国家长治久安，是中国特色社会主义“五位一体”总体布局的重要组成部分，在“四个全面”战略布局中具有举足轻重的地位和作用。党的十八大以来，以习近平同志为核心的党中央持续推进社会建设，在增进民生福祉和创新社会治理等方面探索创新，不断提高人民生活水平，大力推进社会发展，各项事业取得了举世瞩目的成就。

在本单元，我们将了解国家优先发展教育事业、提高就业质量和人民收入水平、加强社会保障体系建设的基本要求，认识扶贫减贫、实施健康中国战略的意义；理解打造共建共治共享的社会治理格局和有效维护国家安全的重要意义和基本要求，明确有序参与社会治理、自觉维护国家安全的方法。

单元目标聚焦

◆知识目标

(1) 了解我国增进民生福祉的举措和成就，理解增进民生福祉的意义和作用。

(2) 理解打造共建共治共享的社会治理格局和有效维护国家安全的重要意义和基本要求，明确有序参与社会治理、自觉维护国家安全的方法。

◆能力目标

(1) 能够观察分析教育、就业、收入分配、社会保障、健康等社会现象，对关乎民生福祉的问题进行正确价值判断和行为选择。

(2) 积极参与社会治理实践，正确行使公民权利，依法有序参与基层社会治理。

◆素质目标

(1) 增强“国家安全，人人有责”的主人翁意识和忧患意识，拥军爱国，自觉维护国家安全。

(2)树立正确的就业观和劳动观,养成健康生活的理念,积极参与体育锻炼,勇于承担社会责任,增强体质,健全人格。

第12课 增进民生福祉

知识梳理

一、保障社会基本民生

1.办好人民满意的教育

办好人民满意的教育,要坚持以人民为中心发展教育,加快建设高质量教育体系,发展素质教育,促进教育公平。加快义务教育优质均衡发展和城乡一体化。统筹职业教育、高等教育、继续教育协同创新,推进职普融通、产教融合、科教融汇,优化职业教育类型定位。推进教育数字化,建设全民终身学习的学习型社会、学习型大国。

2.促进充分就业和完善收入分配结构

(1)党和国家实施就业优先战略,推动实现更加充分、更高质量就业,始终把稳就业摆在突出位置。

(2)要优化收入分配结构,努力提高居民收入在国民收入分配中的比重,提高劳动报酬在初次分配中的比重,增加低收入者收入,扩大中等收入群体,保护合法收入,调节过高收入,取缔非法收入,推动形成橄榄型分配格局,更加积极有为地促进共同富裕。

3.脱贫攻坚取得全面胜利

经过全党全国各族人民共同努力,我国脱贫攻坚战取得了全面胜利。脱贫攻坚战的全面胜利,标志着党在团结带领人民创造美好生活、实现共同富裕的道路上迈出了坚实的一大步。

二、健全社会保障

1.加强社会保障体系建设

社会保障主要由社会保险、社会救助、社会福利、社会优抚组成,还包括其他社会保障形式,它们共同构成了我国的社会保障体系。党和国家健全多层次社会保障体系。坚持应保尽保原则,按照兜底线、织密网、建机制的要求,加快健全覆盖全民、统筹城乡、公平统一、安全规范、可持续的多层次社会保障体系。

2.实施健康中国战略

党和国家全面推进健康中国建设,把保障人民健康放在优先发展的战略位置。体育承载着国家强盛、民族振兴的梦想，是提高人民健康水平的重要途径。要加快体育强国建设，广泛开展全民健身活动，大力弘扬中华体育精神。

素养提升

“扶贫之花”黄文秀

《榜样 4》专题节目里有一位特殊的嘉宾，她在脱贫攻坚第一线倾情投入、奉献自我，用美好青春诠释了共产党人的初心使命，谱写了新时代的青春之歌。她就是黄文秀。2019 年 6 月，她在返回驻村途中遭遇山洪暴发，不幸牺牲，年仅 30 岁。

2016 年，黄文秀从北京师范大学硕士毕业后考取了选调生，回到家乡——广西百色，投身基层扶贫事业。“她本有很多选择。”昔日导师郝海燕说，“以她的能力，留京或出国都没问题。”但是她志不在此。出生于广西农村的黄文秀，求学过程中，依靠党和国家的扶贫资助才得以完成学业。学成回报这片土地，帮助更多像自己一样的困难群众，是她的心愿。她曾对自己的老师说：“我是从贫困大山里走出来的孩子，得到过党和政府的资助和培养，希望将来能为祖国和家乡贡献自己的一份力量。”在一次次的选择中，黄文秀始终遵从自己的内心，自己的初心，回归家乡，建设家乡。她想要当那个“走出去”并“回来”的人。

2018 年 3 月，黄文秀主动来到百色最偏远的乐业县新化镇百坭村。在她到任之初，百坭村交通不便、产业不强、脱贫任重，472 户 2067 人中，还有 103 户 473 人未脱贫，贫困发生率为 22.88%。

初来乍到，乡亲们对这位年轻的“女娃娃”并不信任，都说她是来村里“镀镀金”的。为了取得乡亲们的信任，黄文秀直接住到村里，翻山越岭、进村入户访贫问苦，手绘“民情地图”，学说方言，帮着大伙儿扫院子、干农活。渐渐地，大家从心底里接受了她，专心跟她搞发展。

一年多的时间，百坭村 103 户贫困户顺利脱贫 88 户，贫困发生率降至 2.71%，村集体经济项目收入翻倍。黄文秀还协调完成了 1.5 千米的道路硬化，新建蓄水池 4 座，完成两个屯 47 盏路灯的亮化工作。

这位扶贫路上的“女战士”曾在自己的驻村日记中写道：“扶贫之路就像一条长征路，无论多么艰难，都会坚定不移走下去。”

很多人都不知道，在一线扶贫的黄文秀，双亲体弱多病，曾是建档立卡贫困户。近年来，在党的政策扶持下，黄文秀家种植了 22 亩油茶和 4 亩茶叶，2016 年实现脱贫，家里也已经获得县城的易地搬迁房，走出大山。黄文秀一家深受党的恩惠，在她选择回到家乡工作时，父亲对她说：“你入了党，就要为党工作，回到家乡做一个干干净净的人民公仆。”她没有辜负父亲的期望。

年轻的黄文秀，用扶贫工作的成效诠释了自己的赤子之心，她的青春像鲜艳的花朵，永远绽放在百色革命老区。

【思考】

“时代楷模”黄文秀将青春定格在扶贫路上。向黄文秀同志学习，就要学习她自觉的责任担当，主动担负起党和人民赋予的历史重任。我们应该如何勇担时代重任助推乡村振兴？

习题演练

一、填空题

1.____________是民族振兴、社会进步的重要基石，是国之大计、党之大计。

2.办好人民满意的教育，要坚持____________发展教育，加快建设高质量教育体系，发展____________，促进教育公平。

3.____________是最基本的民生。

4.党和国家实施____________，推动实现更加充分、更高质量就业，始终把稳就业摆在突出位置。

5.要优化____________，努力提高居民收入在国民收入分配中的比重，提高劳动报酬在____________中的比重。

6.社会保障主要由____________、____________、社会福利、社会优抚组成，还包括其他社会保障形式，它们共同构成了我国的社会保障体系。

7.____________是民族昌盛和国家强盛的重要标志，也是全国各族人民的共同愿望。体育承载着国家强盛、民族振兴的梦想，是提高人民健康水平的重要途径。

8.党和国家全面推进____________，把保障人民健康放在优先发展的战略位置，坚持预防为主的方针，深入实施健康中国行动，为人民提供全方位全生命期健康服务。

二、选择题

1.随着“健康中国”上升至国家战略，各行各业围绕大健康产业，开启了新一轮提速增量、跨界融合的发展。2020 年 9 月 26 日，“2020 中国大健康产业峰会”破“疫”而出，来自国家监管层、各个行业企业的人共同探讨在疫情下如何通过创新变革迎接挑战以及在行业发展新趋势中寻找新机会。实施“健康中国”战略（　　）。

①是实现全面建设社会主义现代化国家的需要

②体现了坚持以人民为中心的发展思想，把实现人民幸福作为发展的目的和归宿

③有利于创造新的经济增长点，推动我国经济高速增长

④彰显了人民至上的价值取向，体现了协调发展理念

A.①②　　B.①④　　C.②③　　D.③④

2.截至 2024 年 3 月底，全国社会保障卡的持卡人数已经达到了 13.8 亿，这一数字覆盖了国内 98%的人口。全国参与基本养老、失业和工伤保险的人数分别达到了 10.7 亿、2.4 亿和 2.9 亿。在财务方面，1—3 月三项社会保险基金的总收入高达 2.2 万亿元，总支出为 1.8 万亿元，3 月底的累计结余则为 8.6 万亿元，显示出社会保险基金运行的总体稳定性。这表明，我国（　　）。

①坚持社会保障与经济发展水平相适应，提高保障水平

②发挥第三次分配的调节功能，着力推动实现共同富裕

③兜牢兜实民生底线，防范和化解社会成员的生存危机

④发展成果惠及全体人民，增强人民群众安全感、获得感

A.①②　　B.①③　　C.②④　　D.③④

3.自 2024 年 1 月起，浙江省决定执行新的最低工资标准，最高档每月提高至 2490 元。浙江省政府指出，各设区市根据所辖县(市、区)经济社会发展水平，选择确定当地最低工资标准。这一举措(　　)。

A.完善了按要素分配政策制度，促进了机会公平

B.通过增加低收入者的收入促进了社会公平正义

C.坚持了社会保障水平与经济社会发展相适应

D.通过国民收入再分配真正落实了共享发展理念

4.社会保障制度是在政府的管理之下，以国家为主体，依据一定的法律和规定，通过国民收入的再分配，以社会保险基金为依托，对公民在暂时或者永久失去劳动能力以及由于各种原因生活发生困难时给予物质帮助，用以保障居民最基本的生活需要的保障制度。现在社会保障制度的功能有(　　)。

①能够有效维护社会生活秩序的稳定

②通过风险分摊，化解人民各种生活风险

③发挥社会互助共济功能，实现共同富裕

④化解社会矛盾和冲突，促进社会公平正义

A.①③　　B.①④　　C.②③　　D.②④

5.近年来，各地通过多种方式优化社会保障服务：支持对符合条件的特殊困难群体开展养老、精神障碍社区康复等领域政府购买服务；探索“物质+服务”救助方式，通过政府购买为社会救助家庭等提供访视照料、康复护理、送医陪护等服务。这有利于(　　)。

①更好满足人民群众多样化需求

②兜牢民生底线，增进民生福祉

③提升更高层次的社会保障水平

④发挥救助在社会保险中的核心作用

A.①②　　B.①③　　C.②④　　D.③④

6.浙江省委、省政府在高质量发展中扎实推进共同富裕示范区建设。对企业创新实施融资畅通工程等一系列优惠政策，促进了企业提高劳动生产率，持续扩大财富总量；通过加强土地流转并运用数字化技术大规模发展种养殖业等，补齐“三农”短板，实现农民增收；深度推进“山海协作”，通过财政帮扶、平台搭建等加快扶持欠发达地区，促进区域协调发展。浙江省采取这些措施的依据是(　　)。

①效率是公平的物质前提，共同富裕要兼顾效率与公平

②推进土地所有权规范流转，增加农民的财产收益

③通过初次分配，加大对欠发达地区的财政转移支付力度

④新时代要促进高质量发展，满足人们的美好生活需要

A.①②　　B.①④　　C.②③　　D.③④

7.习近平总书记指出,“保障和改善民生没有终点,只有连续不断的新起点”。这一论述为“十四五”时期我国社会保障事业的发展提供了根本遵循,折射了我们党以人民为中心的发展思想。正是基于此,“十四五”规划纲要将社会保障体系与公共服务、就业、收入分配、弱势群体权益、基层社会治理等内容统一起来,赋予社会保障增进民生福祉的重要功能。社会保障(　　)。

①能防范和化解社会成员的生存危机,保障基本生活

②是基于政府财政支持,构建维护人民权益的安全网

③通过国民收入初次分配,调节不同社会群体的利益

④通过风险分摊和责任共担,充分发挥社会互助共济功能

A.①②　　B.①④　　C.②③　　D.③④

8.作为以人力资源服务为核心主业的中央企业,Z公司专注于职业教育领域中的产教融合和职前培训,建设了一批产业学院、专业实训室、实践中心等,与近百所高校开展合作,为毕业生进行职业生涯规划指导和职前培训,取得了良好效果。这有利于(　　)。

①提升人力资源开发利用水平

②推动人力资源与经济社会协调发展

③创造就业岗位,缓解就业矛盾

④规范人力资源市场,提高服务的品质

A.①②　　B.①③　　C.②④　　D.③④

9.《社会保险经办条例》自2023年12月1日起施行,明确要求社会保险经办机构应当加强无障碍环境建设,提供无障碍信息交流,完善无障碍服务设施设备,采用授权代办、上门服务等方式,为老年人、残疾人等特殊群体提供便利。这有利于(　　)。

①守住“最后一道防线”,保障困难居民基本生活

②彰显人民至上的价值理念,增强群众的安全感

③发挥第三次分配作用,提高低收入群体的收入

④化解社会矛盾和冲突,促进社会公平正义

A.①③　　B.①④　　C.②③　　D.②④

10.2023年7月3日,人力资源和社会保障部官网公布了全国各省、自治区、直辖市最低工资标准情况。目前,全国共有15个经济较好省份第一档月最低工资标准在2000元及以上,上海以2690元继续位居榜首。最低工资标准自2004年3月1日实施以来,总体随经济发展而提高。最低工资标准提高能(　　)。

①提升社会福利水平,推动经济成果由全体人民共享

②促进劳动者素质提高,扩大低收入劳动者就业机会

③增加劳动者收入,提高劳动报酬在初次分配中的比重

④改善低收入劳动者的基本生活,促进社会公平正义

A.①②　　B.①③　　C.②④　　D.③④

三、简答题

1.简述增进民生福祉的重要意义。

2.谈谈国家在促进就业方面采取了哪些措施？

3.如何推进健康中国建设？

四、论述题

结合实际，谈谈你对增进民生福祉是发展的根本目的的理解。

五、材料分析题

1.阅读下列材料，并按要求作答。

2023 年 7 月 21 日，人力资源和社会保障部举行 2023 年二季度新闻发布会，介绍 2023 年上半年人力资源和社会保障工作的进展情况。

2023 年上半年城镇新增就业 678 万人，完成全年目标的 57%。6 月份全国城镇调查失业率为 5.2%。一是强化就业优先政策。延续实施一次性扩岗补助政策，1—6 月，阶段性降低失业、工伤保险费率为企业减少成本超过 860 亿元。二是全力促进高校毕业生等青年就业。启动高校毕业生等青年就业服务攻坚行动，实施百万见习岗位募集计划。三是推进脱贫人口稳岗就业。进一步做好就业帮扶，拓展有组织劳务输出、就业帮扶车间、以工代赈项目吸纳、返乡创业带动、公益性岗位安置等渠道。四是加强职业技能培训。突出高校毕业生等重点群体，大规模开展职业技能培训。规范补贴性培训，鼓励根据培训后的就业情况实行差异化补贴。五是提升就业服务水平。密集开展各类招聘活动、优化重点企业用工服务保障、发布零工市场规范化建设典型案例、系统规范人力资源服务机构及相关活动。

结合材料，运用教材知识，说明政府在促进就业中是如何作为的。

2.阅读下列材料，并按要求作答。

材料1：俞坚党的母亲患有脑卒中，需要有人常年照料。他和妻子摆了一个菜摊，收入勉强能维持家庭开支。但2020年下半年，妻子被检查出患有血小板减少症后，一家人的生活遭遇了巨变。俞坚党为了给妻子看病，不仅花光了家里的积蓄，也没办法打工挣钱。不仅如此，家里还要供孩子上学。面对俞坚党家的特殊情况，村委会与县联合帮扶中心及时为他们提供了救助。经过评估，俞坚党家符合低保资格，每月可领取2080元的低保补助金。

材料2：社会保障关乎人民最关心、最直接、最现实的利益问题，社会保障体系是人民生活的安全网和社会运行的稳定器。党的二十大报告提出，要着力解决好人民群众急难愁盼问题，要健全覆盖全民、统筹城乡、公平统一、安全规范、可持续的多层次社会保障体系。这是增进民生福祉、提高人民生活品质、不断实现人民对美好生活向往的应有之义。

结合材料，根据所学内容，回答下列问题。

(1)我国的社会保障制度包含哪些内容？

(2)我国在完善社会保障体系方面有哪些政策举措？

第13课 社会治理与总体国家安全观

知识梳理

一、促进社会治理体系现代化

1.认识社会治理

社会治理是国家治理的重要领域,它包括对重大安全事故的遏制、对社会矛盾的排查预警、对社会稳定风险的评估、对社会矛盾纠纷的化解、对社会治安的综合治理等。

社会治理现代化是国家治理体系和治理能力现代化的重要方面。加强和创新社会治理,逐步实现社会治理结构的合理化、治理方式的科学化、治理过程的民主化,将有力推进国家治理现代化的进程。

2.打造社会治理新格局

构建社会治理新格局:(1)必须提高社会化、法治化、智能化、专业化水平;(2)要健全社会矛盾综合治理机制,加强社会治安防控,推进社会治安防控体系现代化,编织全方位、立体化、智能化社会安全网,维护社会稳定和安全。

二、维护国家主权、安全、发展利益

1.认识总体国家安全观

总体国家安全观关键在"总体",突出的是"大安全"理念。总体国家安全观强调的是系统思维和方法,既重视发展问题又重视安全问题,既重视外部安全又重视内部安全,既重视国土安全又重视国民安全,既重视传统安全又重视非传统安全,既重视自身安全又重视共同安全。

2.坚持总体国家安全观

坚持总体国家安全观就是坚持国家利益至上,以人民安全为宗旨,以政治安全为根本,以经济安全为基础,以军事科技文化社会安全为保障,以促进国际安全为依托,统筹维护和塑造国家安全,夯实国家安全和社会稳定基层基础,完善参与全球安全治理机制,建设更高水平的平安中国,以新安全格局保障新发展格局。

素养提升

筑牢反间防谍的国家安全防线

国家安全是安邦定国的重要基石，维护国家安全是全国各族人民根本利益所在。党的二十大报告用专章论述国家安全问题，明确要“全面加强国家安全教育，提高各级领导干部统筹发展和安全能力，增强全民国家安全意识和素养，筑牢国家安全人民防线”。间谍活动具有高度隐蔽性、专业性和危害性，是危害国家安全的违法犯罪行为。只有筑牢反间防谍的国家安全防线，才能更好地维护国家安全、巩固社会稳定、保障人民利益。

间谍泄密看似遥远，实则随时都可能在我们身边发生。无论是通信、国防和重要设施等数据资料的泄露，还是处心积虑对我国社会领域进行渗透和破坏，最终影响的都是一个国家的安定团结和人民的幸福生活。在反间谍实践中，岗位越重要，间谍防范越关键。近年来，多起间谍案件都与国家党政机关、国防军工企业、科研院所等单位工作人员有直接或间接的联系。这些人员长期在重要部门、重要岗位上工作，掌握了某一部门或领域的核心信息，具备窃密、泄密的便利条件。此外，具有涉外经历或交往的群体也是反间谍的防范重点。从公开报道的案件来看，被“策反”的间谍大多因留学进修、境外工作等经历，与境外情报人员发生接触交往，回国后从事重要岗位工作，最终沦为了境外间谍机构的“棋子”。

《左传》有云：“居安思危，思则有备，有备无患。”在维护国家安全的道路上，从来没有什么“局外人”。筑牢反间防谍的国家安全防线，既要发挥反间谍专门机关作用，也要动员人民参与、组织人民防范。各级国家安全机关要牢固树立总体国家安全观，坚持“公开工作和秘密工作相结合”“专门工作与群众路线相结合”，持续提升主管机关履职能力，在积极防御、依法惩治、标本兼治上持续发力，高效防范、制止和惩治间谍行为。其他各级机关、人民团体、企业事业组织和社会组织要认真落实本单位反间谍安全防范工作的主体责任，积极构建反间谍的立体防护体系，研究细化反间谍安全防范措施，全面加强重点岗位、重点人员监督管理，常态化开展反间谍安全防范专题教育，切实守好反间谍的“神经末梢”。同时，社会层面也要持续开展反间谍宣传教育活动，畅通反间谍举报渠道，通过典型案例引导群众增强反间谍安全防范意识和国家安全素养，更好地组织、动员全社会力量，打好反间谍的“人民战争”。

【思考】

我们应该如何增强反间谍意识，维护我国国家安全？

习题演练

一、填空题

1.____________________是国家治理体系和治理能力现代化的重要方面。

2.新时代党和国家坚持以________________为坐标，坚持问题导向，把专项治理和系统治理、依法治理、综合治理、源头治理结合起来，坚定不移走中国特色社会主义社会治理之路。

3.构建社会治理新格局，要健全____________________，加强社会治安防控，推进社会治安防控体系现代化。

4.__________是安邦定国的重要基石，是人民安居乐业的保证，维护国家安全是全国各族人民根本利益所在。

5.党的十八大以来，党创造性提出了____________________，重塑了中国国家安全体制机制，指明了中国特色国家安全道路方向。

6.党在新时代的强军目标是建设一支__________、能打胜仗、__________的人民军队，把人民军队建设成为世界一流军队。

7.坚持总体国家安全观就是坚持__________至上，以__________为宗旨，以政治安全为根本，以__________为基础，以军事科技文化社会安全为保障，以促进国际安全为依托。

二、选择题

1.习近平主席在主持召开中央国家安全委员会首次会议时，提出我国"总体国家安全观"的基本内涵。坚持总体国家安全观要以(　　)为宗旨。

A.人民安全　　B.政治安全

C.经济安全　　D.军事文化社会安全

2.国家利益指(　　)。

①国家领土和主权的完整

②政治经济制度的巩固

③能源资源的开发利用

④海内外国家资产的安全

A.①②③④　　B.①③④　　C.①②④　　D.①②③

3.近年来，国家不断加强国家安全新闻宣传和舆论引导，通过多种形式开展国家安全教育宣传活动，将国家安全教育纳入国民教育体系。这些做法(　　)。

①加强民族团结，消除了地方发展差异

②有利于公民树立总体国家安全观

③能鼓励公民加快立法，维护国家安全

④增强公民履行维护国家安全义务意识

A.①②　　B.①③　　C.②④　　D.③④

4.习近平总书记在党的二十大报告中强调，推进国家安全体系和能力现代化，坚决维护国家安全和社会稳定。他指出，国家安全是民族复兴的根基，社会稳定是国家强盛的前提。必须坚定不移贯彻总体国家安全观，把维护国家安全贯穿党和国家工作各方面全过程，确保国家安全和社会稳定。下列对于坚持总体国家安全观的说法正确的是(　　)。

A.以人民安全为根本，以政治安全为基础

B.以政治安全为宗旨，以经济安全为保障

C.以人民安全为宗旨，以经济安全为基础

D.以经济安全为根本，以促进国际安全为保障

5.亲本种子，一般是第一代用于杂交实验的种子，其留种不会产生性状分离，是我国粮食安全领域重要的种子资源。国内某农业科技公司原经理朱某某为捞取个人经济利益，先后向境外间谍情报机关违规出售5种亲本稻种。2024年1月，朱某某因“为境外非法提供情报罪”被法院判处有期徒刑1年6个月。由此可以看出(　　)。

①国家安全是民族振兴、社会进步的基石

②种子安全是坚持总体国家安全观的基础

③公民应该自觉履行维护国家安全的义务

④朱某某的个人利益和国家利益是背离的

A.①②　　B.①④　　C.③④　　D.②③

6.面对国家安全形势的新变化，我们不应该(　　)。

A.既重视外部安全，又重视内部安全

B.只重视国土安全，不重视国民安全

C.既重视自身安全，又重视共同安全

D.既重视传统安全，又重视非传统安全

7.国家政治安全攸关党和国家安危，是国家安全的根本。当前我国政治安全面临着内部和外来的多种威胁与挑战。下列属于我国政治安全面临外来威胁与挑战的是(　　)。

①国际反华敌对势力对我国开展西方意识形态渗透

②国际反华敌对势力歪曲、诬蔑我国发展道路、社会制度

③我国缺乏足够的新兴科技产业，资源开发利用水平不高

④生物多样性丧失，生物入侵威胁生物多样性和生产生活

A.①②　　B.①③　　C.②④　　D.③④

8.1963年，浙江绍兴诸暨市枫桥镇干部群众创造了依靠群众化解矛盾的“枫桥经验”，以“小事不出村、大事不出镇、矛盾不上交”为主要特征。党的十八大以来，习近平总书记多次作出重要指示，要求把“枫桥经验”坚持好、发展好，把党的群众路线坚持好、贯彻好。“枫桥经验”在传承中发展、在发展中创新，由基层社会治理的范本上升为党领导人民推进国家治理体系和治理能力现代化的生动实践。这反映了(　　)。

①要与时俱进学习“枫桥经验”，深刻把握“枫桥经验”的时代内涵

②“枫桥经验”内涵丰富，涵养着中华优秀传统文化和革命文化

③“枫桥经验”源自人民群众实践，在历史进程中历久弥新

④要拓展“枫桥经验”基本内涵，实现创新性发展

A.①③　　B.②④　　C.②③　　D.①④

9.近年来，长沙市某村积极探索“党建+人民调解”基层社会治理新模式，形成人民调解“多方参与、多元化解、多种模式、多重保障”的新格局，旨在(　　)。

①发挥基层党组织的先锋模范作用，维护基层社会稳定

②促进党组织向基层延伸，巩固和扩大群众基础

③提升乡村治理效能，推进社会治理现代化进程

④创新调解工作方法，积极化解矛盾纠纷

A.①③　　B.②③　　C.①④　　D.③④

10.上海市南京东路街道“零距离家园”治理学院以政府、高校、社区单位、楼宇企业等联合共建的模式，通过建立基层治理实践基地，邀请相关领域的专家学者、实践者共同参与，组建跨界专业团队师资力量，集聚居民骨干、社会力量等治理主体，激活社区资源和治理能量，构建“零距离家园”共同体。“零距离家园”治理学院（　）。

A.通过提升基层治理能力，发挥基层治理主体在社区治理中的引领作用

B.推动了城市基层治理的制度化和规范化，动员多方人士参与基层治理

C.通过联合共建的实践模式，不断丰富城市基层治理的内涵和实践形式

D.能汇聚共建共治共享的多方力量，全方位、多领域赋能基层治理主体

三、简答题

1.简述社会治理的重要意义。

2.阐述总体国家安全观的内涵。

3.谈谈在日常生活中，我们应该如何维护国家安全？

四、论述题

结合实际，谈谈社会治理与总体国家安全观的关系。

五、材料分析题

1.阅读下列材料，并按要求作答。

材料1：2022年，江苏召开“沿海国家安全人民防线专项表彰奖励大会”，对在我国领海海域打捞上缴水下可疑窃密装置的11位渔民及5名相关人员进行表彰并给予奖励。

材料2：近年来，江苏、浙江、海南等沿海地区渔民曾多次在海上打捞出各种“硬核海产”，这些可疑装置具有水下调查、识别、窃密等特殊功能，均系他国制造，给我国国家安全造成威胁。

分析材料并结合所学知识,请谈谈你对"自觉维护国家安全是每位公民的神圣职责和光荣义务"的理解。

2.阅读下列材料,并按要求作答。

材料1:党的二十大报告提出:"完善社会治理体系。健全共建共治共享的社会治理制度,提升社会治理效能。"

材料2:某区着力建设人人有责、人人尽责、人人享有的基层治理共同体,健全治理体系,提升治理效能,助力推动高质量发展。广泛发动党员干部、"五老一新"人员、青年学生、巾帼志愿者、居民群众等参与基层治理,扩大基层治理参与主体范围,提升基层治理工作成效;邀请物业公司、专家学者、"双报到"党员、居民代表、"两委"代表以及行业部门参加"党群议事会"回应民意民声;启动"智慧社区"综合管理服务云平台建设项目,实现政务服务、基础数据采集、便民应用等多个板块的应用,真正实现了打通服务群众的"最后一米";评选"金牌群英""爱心乡贤"等,选树群众身边积极参与和贡献基层治理的榜样,组织开展弘扬文明新风报告会、阻断陈规陋习群英会等,传播新理念、弘扬正能量,培育时代新风新貌。

结合材料和运用中国特色社会主义知识,分析建设基层治理共同体对提高基层治理效能的意义。

第六单元

中国特色社会主义生态文明建设

单元整体解读

生态环境是人类生存最为基础的条件，是我国持续发展最为重要的基础。党的十八大以来，以习近平同志为核心的党中央以前所未有的力度抓生态文明建设，大力推进生态文明理论创新、实践创新、制度创新，创立了习近平生态文明思想，美丽中国建设迈出重大步伐，我国生态环境保护发生历史性、转折性、全局性变化。

在本单元，我们将明确建设美丽中国的基本要求，理解建设生态文明是中华民族永续发展的千年大计，提高我们参与生态文明建设的能力。

单元目标聚焦

◆知识目标

(1)理解人与自然和谐共生、绿水青山就是金山银山的理念，把握推进生产方式、生活方式绿色转型的意义与要求。

(2)了解深入打好蓝天碧水保卫战和净土保卫战的重大意义，认识我国优化生态安全屏障体系的主要举措。

◆能力目标

(1)掌握我国加大生态保护与修复力度的要求，增强环保意识和能力，自觉参与本地生态环境保护治理活动。

(2)明白土壤污染防治是一项长期工作，用实际行动为深入打好蓝天碧水保卫战和净土保卫战作出贡献。

◆素质目标

(1)理解建设生态文明是中华民族永续发展的千年大计，深化对党和国家推进污染防治攻坚战的认同。

(2)提高敬畏制度、遵守制度的自觉性,形成法治让社会更和谐、生活更美好的认知和情感,在参与中国特色社会主义生态文明建设中养成依法行使权利,履行法定义务的思维方式和行为习惯。

(3)牢固树立生态文明理念,增强节约意识、环保意识、生态意识,积极参与全民绿色行动,养成文明健康的生活风尚。

第14课 推进绿色发展

知识梳理

一、生态文明建设的基本理念

1.人与自然和谐共生

大自然是人类赖以生存发展的基本条件。人与自然是生命共同体。生态兴则文明兴,生态衰则文明衰。

2.绿水青山就是金山银山

绿水青山既是自然财富、生态财富,又是社会财富、经济财富。要坚定不移地保护绿水青山这个“金饭碗”,利用自然优势发展特色产业,因地制宜壮大“美丽经济”,把绿水青山蕴含的生态产品价值转化为金山银山。

二、实现可持续发展

1.推进绿色生产方式

绿色生产方式,要求按照有利于生态环境保护的原则组织生产,创造绿色产品、满足绿色消费。推进生产方式绿色转型,就要坚持以科技创新为先导,以资源能源节约和高效利用为抓手,全方位全过程推进生产方式的绿色低碳循环化改造,在生产的全过程中提高绿色发展水平。

2.形成绿色生活方式

绿色生活方式,是指人们在衣、食、住、用、行等日常生活中注重自然、环保、节俭、健康的生活方式,体现了人们良好的个人修养和社会责任意识。推动形成绿色生活方式,要在全社会牢固树立生态文明理念,增强全民节约意识、环保意识、生态意识,培养生态道德和行为准则,让天蓝地绿水清深入人心;要开展创建节约型机关、绿色家庭、绿色学校、绿色社区和绿色出行等行动，形成文明健康的生活风尚；要完善政策法规，加强对人们消费行为的规范与引导。

素养提升

塞罕坝精神是生态文明建设的精神伟力

从不毛之地到茫茫林海，塞罕坝不仅见证着从一棵树到一片林的神奇，更见证着一种信念和精神的崛起。

塞罕坝是蒙汉合璧语，意为“美丽的高岭”，处于内蒙古浑善达克沙地南缘。历史上，这里曾是水草丰美、森林茂密、鸟兽繁多之地。清朝末期，因为天灾人祸，塞罕坝迅速退化成了一片荒山秃岭，呼啸的沙尘暴频袭北京，严重的水土流失威胁京津水源。

面对严峻的形势，中国共产党人承担起了绿化山河、改造荒原的时代重任。在党和国家的号召下，塞罕坝人挺身而出。自1962年塞罕坝机械林场成立以来，三代塞罕坝人始终牢记党交付的重托，用心血浇灌大地，用生命呵护绿色，代代坚守，薪火相传，最终战胜重重困难，使塞罕坝从不毛之地变成茫茫林海。塞罕坝人种下的不仅仅是一棵棵树，更是一种信念、一种精神；造就的不仅仅是一座“美丽高岭”，更是一座令人景仰的“精神高地”。

塞罕坝机械林场建立初期，职工生活异常艰难。吃的是黑莜面、窝窝头、土豆和咸菜，喝的是雪水、雨水、沟塘子水，没有房屋居住，就搭马架子、盖窝棚、挖地窨解决住宿问题。“渴饮沟河水，饥食黑莜面。白天忙作业，夜宿草窝间。雨雪来查铺，鸟兽绕我眠。劲风扬飞沙，严霜镶被边。”这首诗生动地描绘了当时塞罕坝创业者所处的艰苦环境。即便在这样的条件下，塞罕坝人也没有退缩。

这种“以苦为乐”的精神，在塞罕坝传承不息。第一代林场人在风沙蔽日、草木稀疏、人烟稀少的荒原上，直面恶劣的自然条件，战胜了高寒、高海拔、大风、沙化、干旱，让沙地变成绿洲。第二代、第三代林场人与艰苦和寂寞为伍，护林营林，埋头苦干，大大提升了林场的森林质量和生态效益。在这漫长而艰辛的征程中，他们始终保持着奋发拼搏的精神状态，以艰苦奋斗的优良作风、科学求实的进取态度、持之以恒的钉钉子精神，一茬接着一茬干，最终书写了可歌可泣的绿色诗史。

绿色发展，是塞罕坝精神的底色。“我们相信，种下绿色，就能收获美丽，种下希望，就能收获未来。”塞罕坝人之所以能够创造绿色传奇，是因为他们想要绿色、相信绿色，始终坚信有了良好生态才能有更好发展，有了良好生态才能有美好未来。半个多世纪以来，塞罕坝人视林场为家园，将绿化当事业，几十年如一日，造就了百万亩林海。从荒山造林到生态育林，从提供原木材料到提供生态产品，从绿水青山到金山银山，塞罕坝人走出了一条经济效益与生态效益、社会效益并重的绿色发展之路。

【思考】

塞罕坝精神谱写了我国优秀儿女光荣的奋斗历史，我们应如何发扬塞罕坝精神，续写绿色发展新篇章？

习题演练

一、填空题

1.人与自然是__________。生态兴则文明兴,生态衰则文明衰。

2.我们坚持__________和__________的基本国策,坚持节约优先、保护优先、自然恢复为主的方针,坚定不移走生产发展、生活富裕、生态良好的文明发展道路。

3.我们既要__________,也要金山银山;宁要绿水青山,不要金山银山,而且绿水青山就是__________。

4.__________是人民群众的共有财富,是最公平的公共产品、最普惠的民生福祉。

5.绿水青山既是__________、生态财富,又是__________、经济财富。

6.__________,是从根本上解决生态问题,实现可持续发展的又一内在要求。

7.推进生产方式绿色转型,就要坚持以__________为先导,以资源能源__________为抓手,全方位全过程推进生产方式的绿色低碳循环化改造,在生产的全过程中提高绿色发展水平。

8.推动形成绿色生活方式,要在全社会牢固树立__________,增强全民__________、环保意识、生态意识,培养生态道德和行为准则,让天蓝地绿水清深入人心。

二、选择题

1.某镇曾是石灰岩矿区采石场主要聚集地,数十座巨大露天矿坑遍布山中,森林遭砍伐,地质安全隐患突出。后来,当地政府将采石场全面关停,并开展植绿覆盖裸土等生态修复工程,同时加大道路等基础设施建设,打造矿山公园,不少村民在公园从事观光车司机、保安、保洁等工作,有的还开起了农家乐,收入不断增加。这启示我们(　　)。

①环境保护是经济发展的前提,二者可以实现统一

②要建立健全生态文明制度体系,加快新旧动能转换

③要践行绿水青山就是金山银山的理念,厚植发展优势

④要坚持以人民为中心的发展思想,推进生态文明建设

A.①②　　B.①③　　C.②④　　D.③④

2.青岛市生态环境局和社会各界积极践行“绿水青山就是金山银山”理念,聚焦打造美丽中国建设样板区,积极推进多层次生态文明示范创建工作。青岛市生态环境局和社会各界的做法,有利于(　　)。

①推进生产方式和生活方式绿色低碳转型

②保持战略定力,加强精神文明建设

③加快推进人与自然和谐共生的现代化

④坚持以经济建设为中心,以发展促民生

A.①②　　B.①③　　C.②③　　D.①④

3.党的二十大报告指出,加快发展方式绿色转型,实施全面节约战略,发展绿色低碳产业,倡导绿色消费,推动形成绿色低碳的生产方式和生活方式。下列同学的生活方式符合上述要

求的是(　　)。

①找不到垃圾桶,小乔把矿泉水瓶扔进草丛

②外出就餐时,小新把未吃完的菜打包带回

③去超市购物的时候,小雨自己准备购物袋

④小音在网购时,购买过度包装的精美产品

A.②③　　B.①④　　C.①②　　D.③④

4.“治理面积达6000多平方千米,绿化面积达3200多平方千米……”这是库布齐沙漠的沙漠治理成绩单。经过多年艰苦治理,库布齐1/3的沙漠得到治理,实现了由“沙逼人退”到“绿进沙退”的历史性转变,区域生态环境明显改善,生态资源逐步恢复,沙区经济不断发展,创造了大漠变绿洲的奇迹。库布齐的生态建设给我们的启示是(　　)。

A.人与自然相互依存,共生共荣　　B.自然能够满足人类的一切需要

C.允许人类先破坏自然再进行修复　　D.人类要不断改变自然、战胜自然

5.中国积极推进绿色低碳发展,承诺力争于2030年前实现碳达峰,努力争取于2060年前实现碳中和。实现碳中和有利于(　　)。

A.建设法治国家　　B.建设科技强国

C.解决人口问题　　D.实现人与自然和谐共生

6.《中华人民共和国长江保护法》第五十三条第一款规定:“国家对长江流域重点水域实行严格捕捞管理。在长江流域水生生物保护区全面禁止生产性捕捞;在国家规定的期限内,长江干流和重要支流、大型通江湖泊、长江河口规定区域等重点水域全面禁止天然渔业资源的生产性捕捞。具体办法由国务院农业农村主管部门会同国务院有关部门制定。”这是因为(　　)。

A.自然资源用之不觉、失之难存,应严禁开采利用

B.长江流域生态环境保护要与我国经济发展相适应

C.解决长江生态环境问题是我国当前工作的重中之重

D.我国实施可持续发展战略,坚持人与自然和谐共生

7.2023年4月26日通过的《中华人民共和国青藏高原生态保护法》是针对特殊地理、特定区域或流域的生态环境保护的专门法律。对该法认识正确的有(　　)。

①对建设国家生态文明高地具有重要意义

②有利于实现人与自然和谐共生

③标志着青藏高原生态保护完全实现法治化

④决定了当地经济的高质量发展

A.①②　　B.①③　　C.②④　　D.③④

8.据报道:为更好养护水生生物资源、保护水生生物多样性,浙江省“八大流域”实施禁渔。这是浙江省首次实施统一禁渔,主要实施禁止除娱乐性游钓以外的其他所有作业方式。该做法体现了(　　)。

①以经济建设为中心,保护浙江省的水资源

②努力建设人口均衡型、资源节约型社会

③以人与自然和谐共生为生态建设的目标

④发展经济与资源开发、保护环境相协调

A.①② B.①③ C.②④ D.③④

9.麦盖提县严格落实习近平总书记关于城市规划管理、土地管理和耕地保护的重要指示，坚决打好整治违法建设、违法用地问题和加强耕地保护攻坚战。此举旨在(　　)。

①追求经济高速度发展

②保护耕地，节约资源

③落实节约资源和保护环境的基本国策

④建设资源节约型、环境友好型社会

A.①③④ B.①②④ C.①②③ D.②③④

10.习近平总书记强调："生态环境投入不是无谓投入、无效投入，而是关系经济社会高质量发展、可持续发展的基础性、战略性投入。要坚决贯彻新发展理念，转变发展方式，优化发展思路，实现生态效益和经济社会效益相统一，走出一条生态优先、绿色发展的新路子。"这要求我们(　　)。

A.遵循自然规律，人与自然和谐共生

B.走绿色发展道路，发展生产力就是改善生态环境

C.树立金山银山就是绿水青山的理念

D.注重保护自然环境，禁止开发自然资源

三、简答题

1.简述绿色发展的内涵。

2.推进绿色发展对经济社会发展有哪些重要作用？

3.作为一名中职学生，你可以为推进绿色发展作出哪些贡献？

四、论述题

结合实际，谈谈如何在全社会推进绿色发展。

五、材料分析题

1.阅读下列材料，并按要求作答。

材料1：江豚，作为国家一级保护野生动物，被誉为“水中大熊猫”和长江生态的“晴雨表”。近年人们发现，江豚戏水的生态美景再现长江安徽段。

材料2：某省开展美好环境与幸福生活共同缔造行动以来，城乡环境日新月异，但一些地方的生活垃圾管理还存在不少亟待解决的问题。没有对生活垃圾进行严格分类；垃圾随处堆放，污水横流，臭气熏天；对生活垃圾采取简单的“焚烧+填埋”处理方式。

（1）江豚戏水的生态美景再现对我国建设生态文明有何启示？

(2)造成材料2中问题的原因可能有哪些？请你提出具有针对性、可行性的解决办法。

2.阅读下列材料，并按要求作答。

党的二十大报告指出，我们坚持绿水青山就是金山银山的理念，坚持山水林田湖草沙一体化保护和系统治理，生态文明制度体系更加健全，生态环境保护发生历史性、转折性、全局性变化，我们的祖国天更蓝、山更绿、水更清。

结合材料，为使我们的祖国天更蓝、山更绿、水更清，应如何去做？

第15课　建设美丽中国

知识梳理

一、着力解决突出生态环境问题

1.深入打好蓝天碧水保卫战

深入打好蓝天保卫战,需坚持全民共治、源头防治,持续实施大气污染防治行动;调整优化产业结构、能源结构和交通运输结构,加强扬尘和挥发性有机物污染治理;着力打好重污染天气消除攻坚战、臭氧层污染防治攻坚战,强化秸秆综合利用和禁烧管控。

深入打好碧水保卫战,要以改善水环境质量为核心,强化源头治理、水陆统筹、河海兼顾,对江河湖海实施分流域、分区域、分阶段科学治理,系统推进水污染防治、水生态保护和水资源管理。

2.深入打好净土保卫战

打好净土保卫战,尊重土壤污染防治客观规律,要坚持预防为主、保护优先、风险管控,突出重点区域、行业和污染物,实施分类别、分用途、分阶段治理,严控新增污染,逐步减少存量。要深入推进农用地土壤污染防治和安全利用,有效管控建设用地土壤污染风险,全面禁止“洋垃圾”入境,稳步推进“无废城市”建设,加快补齐医疗废物、危险废物收集处理设施方面短板,强化地下水污染协同防治。

二、优化生态安全屏障体系

1.加大生态系统保护力度

加大生态保护与修复力度:①要坚持系统观念,统筹山水林田湖草沙一体化保护和系统治理;②要科学构建国土空间生态安全格局,强化用途管制,划定并严守生态保护红线、环境质量底线、资源利用上线,组织实施主体功能区战略,推进以国家公园为主体的自然保护地体系建设,加强生物多样性保护,系统开展生态退化地区修复治理,科学开展大规模国土绿化行动,完善立法、严格执法,加强法治保障。

2.实行最严格的生态环境保护制度

保护生态环境必须依靠制度、依靠法治。①要加快制度创新,增加制度供给,完善制度配套,必须构建产权清晰、多元参与、激励约束并重、系统完整的生态文明制度体系。②要落实中央生态环境保护督察制度，推动层层压实环保责任，保证党中央关于生态文明建设决策部署落地生根见效。

素养提升

建设美丽中国　中国青年接力“向绿而行”

江河浩荡，奔流不息，正如一代代青年踏上绿色征程不止步。越来越多的青年以实际行动“向绿而行”，逐渐成为绿色倡导、净滩护水、垃圾分类、增殖放流、候鸟守护等环保实践的主要参与力量。

“爷爷栽的这批树林子，不能甩手。”甘肃省古浪县八步沙林场管护员郭玺已是八步沙第三代治沙人，他身材精瘦，皮肤黝黑。

40年前，八步沙狂风肆虐，黄沙漫天。“可以说，出门八步就是沙子。”20世纪80年代，郭玺的爷爷郭朝明等6位老汉卷起铺盖，挺进八步沙，风餐露宿，种下的树如今比郭玺年龄都大。

他们是八步沙的第一代治沙人，几位老汉约定，“自己干不动了，儿子接着干，儿子干不动了，孙子接着干”。

“爷爷和父辈，在肚子吃不饱的情况下，还能把沙漠治理成这个样子。”这让郭玺十分感慨，也坚定了他留下来治沙的决心。

40多年来，三代治沙人先后在八步沙、黑岗沙以及北部山区，完成治沙造林144.67平方千米，管护封沙育林草面积286.67平方千米。如今，这里一片郁郁葱葱。郭玺的脸上满是自豪，他笑着说：“南方的大海我没见过，但到了春天，八步沙上的柠条就会开出一片黄色花海，我也特别喜欢。”

沙漠变绿洲，同样是万晓白和其父万平梦想中的场景。

万平是科尔沁沙地生态示范区的民间治沙第一人，20多年前，他毅然辞掉工程师的工作，开始治沙之路。当时正在读大学的万晓白，每到假期都来帮忙。

当父亲遭遇缺人又缺钱的艰难时，万晓白带着丈夫和年幼的女儿，放弃城市工作，扎根乡村，致力于科尔沁沙化草原的生态修复。

万晓白说，那里本是内陆地区，却开始经历台风，且次数逐年增加，同时还面临着雨季延后，冬季气温升高的变化。他们努力重建草原生态系统，增强牧场适应气候变化的能力。

草原一小块一小块向荒漠深处挺进。20多年过去，昔日的“火沙坨子”变成现在300万平方米的草原，植被覆盖率达95%，野生动物有310多种。

“每个年轻人都是‘第三代治沙人’。”在郭玺看来，只要像保护自己的眼睛一样保护环境，身边的环境就会变得越来越好。

郭玺和万晓白都曾荣获“母亲河”奖，这个奖对他们而言，也是父辈的荣耀。

【思考】

青年是生态文明建设的生力军，生态文明建设的伟大征程离不开一代又一代青年的求实钻研和奋勇担当，我们应如何勇担生态环境保护重任？

习题演练

一、填空题

1.深入打好碧水保卫战,要以____________为核心,强化源头治理、水陆统筹、河海兼顾。

2.要从源头上有效控制____________入海排放,加快建立海洋生态补偿和生态损害赔偿制度,开展海洋修复工程,推进____________建设。

3.____________是经济社会可持续发展的物质基础,是人类生存、兴国安邦的战略资源。

4.打好净土保卫战,尊重土壤污染防治客观规律,要坚持____________、____________、风险管控,突出重点区域、行业和污染物,实施分类别、分用途、分阶段治理。

5.加大生态保护与修复力度,要坚持____________,统筹山水林田湖草沙一体化保护和系统治理。

6.保护生态环境必须____________、依靠法治。

7.党的十九届四中全会提出坚持和完善生态文明体系,把____________纳入法治化、制度化轨道,要实行最严格的生态环境保护制度。

二、选择题

1.世界上可以被利用的矿产资源中,我国拥有绝大多数,但是人均耕地、人均淡水资源、人均煤炭储备量均达不到世界平均水平。这表明(　　)。

①我国自然资源取之不尽,用之不竭

②我国自然资源总量大,种类多,但人均占有量少

③我国面临严重的环境污染问题

④我国必须节约资源,合理开发利用资源

A.②③　　B.②④　　C.③④　　D.①④

2.2024 年春节,烟花爆竹“禁”“放”之争,再度成为舆论焦点。某班举行了“寻找烟花爆竹‘禁’与‘放’最优解”的沙龙活动,同学们纷纷发表了自己的看法,其中正确的是(　　)。

①我国生态环境形势不容乐观,全面禁燃能从根本上解决环境污染问题

②法律法规对烟花爆竹的燃放未作全面禁止规定,全面禁燃无法可依

③燃放烟花爆竹是中华民族历史悠久的民俗,应该毫无限制地自由燃放

④限时限地燃放,寻找既保护优秀传统民俗又适应现代社会需求的最优解

A.①②　　B.①③　　C.②③　　D.②④

3.2024 年 3 月 9 日,国务院公布《节约用水条例》,自 2024 年 5 月 1 日起施行。这是我国首部聚焦节约用水的行政法规。该条例的颁布(　　)。

①能够确保国家用水安全

②要求公民依法履行保护环境的基本义务

③是推进生态文明建设的应有之义

④有利于解决水资源短缺制约经济社会发展的问题

A.①②　　B.①④　　C.②③　　D.③④

4.改革开放以来,我国经济发展迅速,创造了巨大的社会财富。但同时,我国人均资源占有量少,开发难度大,总体上资源紧缺;大气污染、水污染、土壤污染等各类环境问题时有发生。这反映出我国(　　)。

A.面临严峻的资源环境形势

B.资源开发利用不尽合理、不够科学

C.生态环境形势仍不容乐观

D.经济社会发展缓慢,环境污染严重

5.今天的耕地就是明天的饭碗。近年来我国深入实施藏粮于地、藏粮于技战略,高标准农田建设面积稳步增加,为夯实粮食安全根基、加快建设农业强国创造了有利条件。然而,一个不得不正视的事实是,我国保饭碗的耕地数量正在减少,局部质量也在变差,一些重点流域水污染严重。由此反映了(　　)。

A.国家经济社会发展受环境制约

B.我国是资源大国,人均耕地占有量较高

C.耕地状况恶化趋势得到彻底遏制,环境恢复良好

D.我国面临的耕地资源形势非常严峻、生态环境形势仍不容乐观

6.我国在发展中面临的问题和解决措施对应恰当的是(　　)。

A.食品安全问题——调整经济结构,促进产业升级

B.人口素质偏低,老龄化加剧——坚持教育优先发展,实施三孩生育政策

C.区域发展不平衡——积极构建“两型”社会,促进经济健康可持续发展

D.发展方式粗放落后,经济结构不合理——坚持金山银山就是绿水青山的发展理念

7.我国相关部门发布的数据显示中国有 1/5 的城市人口居住在空气污染严重的环境中,这表明(　　)。

A.环境问题就是大气问题

B.环境总体上有所改善

C.我国资源利用率不高

D.我国部分城市环境问题严重

8.针对能源紧张问题,国家采取再生能源能耗总量“豁免”政策,建立健全高耗能行业阶梯电价和单位产品超能耗限额标准惩罚性电价机制。这些举措(　　)。

①体现我国实施可持续发展战略

②表明我国环境保护工作的任务还很艰巨

③符合全面推进依法治国的要求

④有利于节约资源、保护环境

A.①③④　　　B.①②④　　　C.①②③　　　D.②③④

9.共享快递盒是一个方形的塑料箱,签收后快递小哥就会将它折叠起来,带回仓库重复使用。共享快递盒的应用(　　)。

①操作费时费力,不利于快递业发展

②有助于实现我国科技自立自强

③有利于缓解我国资源紧缺状况

④是建设资源节约型社会的需要

A.①②　　B.①③　　C.②④　　D.③④

10.从生态环境损害赔偿到中央生态环境保护督察,从监测监察执法垂直管理到生态文明建设目标评价考核,从《中华人民共和国大气污染防治法》修订到《中华人民共和国民法典》,充分体现了绿色发展理念……近年来,生态文明建设顶层设计逐步完善,聚焦40多项具体改革任务,出台60多项相关配套制度,搭建生态文明建设的“四梁八柱”。这一系列举措(　　)。

A.以法律的手段促进生态文明建设

B.表明我国环境污染现状不容乐观

C.为生态文明建设提供制度保障

D.绘就美丽中国、绿色中国时代蓝图

三、简答题

1.简述建设美丽中国的主要任务。

2.谈谈你对“绿水青山就是金山银山”这句话的理解。

3.作为一名中职学生,你可以为建设美丽中国作出哪些贡献?

四、论述题

结合实际,论述如何在全社会形成生态文明建设的良好氛围。

五、材料分析题

1.阅读下列材料,并按要求作答。

杭州市成为坚持依法治理、打造环境治理体系与治理能力现代化的“样本”:构建了相对系统完备、科学规范、运行有效的生态文明制度体系;地方环境立法模式由政府单一立法模式向政府立法与社会立法相结合模式转变;在环境监管和执法方面,大力推进跨部门联合“双随机”抽查监管、环保领域部门联合、按标监管的“一次到位”机制。此外,还注重发挥公众参与的积极性，鼓励全过程全民参与，有效提升环境治理能力和水平。

结合材料，请说明应如何进一步实现生态保护与修复。

2.阅读下列材料，并按要求作答。

内蒙古自治区的库布齐沙漠是我国第七大沙漠，曾经是沙漠化和水土流失较为严重的地区之一。当地人民经过几十年的探索，走出了一条立足中国、造福世界的沙漠综合治理之路。在“绿富同兴”思路的引导下，库布齐1/3的沙漠得到了治理，生态环境明显改善，生态资源逐步恢复，沙区经济不断发展，不毛之地成为全球防治荒漠化的典范，也成为世界观察“美丽中国”的最佳窗口。从“死亡之海”到“绿色屏障”，库布齐实现了从“沙逼人退”到“绿进沙退”的历史性转变，创造了大漠变绿洲的奇迹。

结合材料，说明库布齐沙漠的治理做法带给我们哪些启示？

结　语

单元整体解读

新时代孕育新使命，新使命呼唤新担当，新担当需要新青年。"实现中国梦是一场历史接力赛，当代青年要在实现民族复兴的赛道上奋勇争先。"新时代中国青年要肩负历史使命，坚定前进信心，立大志、明大德、成大才、担大任，努力成为堪当民族复兴重任的时代新人，让青春在为祖国、为民族、为人民、为人类的不懈奋斗中绽放绚丽之花。

在本单元，我们将知道新时代给当代青年成才搭建了广阔舞台，懂得为实现中国梦而奋斗，做有理想、有本领、有担当的时代新人。

单元目标聚焦

◆知识目标

(1)了解中国梦的内涵、意义和实现路径，感悟中国梦的本质。

(2)领会新时代给个人成才搭建的广阔舞台和自己所肩负的历史使命。

◆能力目标

(1)学会运用辩证唯物主义和历史唯物主义的观点和方法分析问题、解决问题，培养学生敢于应对挑战、把握机遇的能力，做新时代的奋斗者。

(2)提高全面认识民族复兴重大历史意义的能力。

◆素质目标

(1)认同中国梦的伟大建构，认识到中国共产党与时代共同进步的先进性本色，认识到中华民族伟大复兴的历史必然性。

(2)把爱国情、强国志、报国行自觉融入坚持和发展中国特色社会主义事业、建设社会主义现代化强国、实现中华民族伟大复兴的奋斗之中，做有理想、有本领、有担当的时代新人。

知识梳理

一、实现中国梦

实现中华民族伟大复兴，是中华民族近代以来最伟大的梦想，是激励中华儿女团结奋进、开辟未来的精神旗帜。实现中华民族伟大复兴的中国梦，就是要实现国家富强、民族振兴、人民幸福。

二、做担当民族复兴大任的时代新人

青年兴则国家兴，青年强则国家强。我们生逢其时，施展才干的舞台无比广阔，实现梦想的前景无比光明。我们重任在肩，中华民族伟大复兴的中国梦终将在一代代青年的接力奋斗中变为现实。要主动成为实现中华民族伟大复兴的生力军，自觉肩负起国家和民族的希望，敢于有梦、勇于追梦、勤于圆梦，成为有理想、有本领、有担当的时代新人。

素养提升

中国梦，我的梦

"十七岁孤独症少年苦练钢琴屡次获奖""52岁阿姨复习两年考上大学""张桂梅校长开办丽江华坪女子高级中学帮助大山女孩走出乡村"。平凡，却不沦于平庸的他们在追梦的途中踽踽独行。一代人有一代人的机遇和挑战，中国站在新时代的风口，提出了"两个一百年"奋斗目标，渐趋完备的物质条件和增长的精神储备，让更多人拥有追逐梦想的机会，中国也在追梦圆梦的进程中不断实现中华民族伟大复兴，个人的梦想铸就了中国梦。

梦想，有为个人，有为社会。"我生来就是高山而非溪流，我欲于群峰之巅俯视平庸的沟壑。"张桂梅校长掷地有声的口号，给山区的女孩带去了梦想。医生拯救生命，教师拯救灵魂，而教育是乡村振兴的支点，也是阻断贫困代际传递的治本之策。在一些偏远的山区农村家庭，孩子越生越多、越生越穷，而落后的思想观念让女孩更难接受到教育。张桂梅校长的初心和梦想便是想要更多的贫困山区女孩受到教育，改变落后的思想观念，能自由地去追逐自己的青春和梦想，最后能选择自己的命运。扎根教育一线40余年，张桂梅校长已成功帮助1800余名贫困山区的女生进入大学，她也一直在追梦的路上，以平凡弱小的身躯坚守三尺讲台，燃烧自己，成为大山深处的一束光。

个人的梦想与国家的命运紧密相连。20世纪50年代，粮食极度短缺，不少人死于饥荒，哀鸿遍野。那时，在此情况下，袁隆平院士毅然从红薯育种研究转为水稻育种研究，坚持几十年如一日研究出了"杂交水稻"，让中国人远离了饥饿，但他并没有止步于此。袁隆平院士的两个梦想，一个是"禾下乘凉梦"，另一个是让杂交水稻覆盖全球，能让全世界人吃饱饭。袁隆平院士废寝忘食，一边致力于杂交水稻的研究，一边努力推广促进杂交水稻走向世界，让杂交水稻在更多国家"生根开花"。正如2004年《感动中国》给袁隆平院士的颁奖词中写道，"他毕

生的梦想，就是让所有人远离饥饿”。袁隆平院士一直朝着“水稻梦”努力着，“水稻梦”亦是中国梦，催人奋进，不忘初心。

在新时代的进程中，我们青年一代要志存高远，要以国家民族命运为己任。通往梦想的路是遥远的，但不积跬步，无以至千里。前人的经验教训告诉我们，“空谈误国，实干兴邦。”站在新的历史起点，时代在呼唤青年，青年是中国梦接续历史、现实和未来的传承者，要实现中国梦，必须坚持中国道路、凝聚中国力量、弘扬中国精神，勿忘昨天，无愧今天，不负明天。

【思考】

新时代是追梦者的时代，也是广大青年成就梦想的时代。作为新时代的青年，我们应该如何将自己的命运同国家民族的命运紧紧联系在一起，为实现中华民族伟大复兴的中国梦接续新的力量呢？

习题演练

一、填空题

1.实现____________，是中华民族近代以来最伟大的梦想。

2.实现中华民族伟大复兴的中国梦，就是要实现国家富强、____________、____________。

3.____________是中国梦的主体，是中国梦的创造者和享有者。

4.中国将同国际社会一道，推动构建____________，建设持久和平、普遍安全、共同繁荣、开放包容、清洁美丽的世界。

5.要主动成为实现中华民族伟大复兴的生力军，成为有理想、____________、____________的时代新人。

6.中国梦，把____________、____________、人民的期盼融为一体，体现了中华民族和中国人民的整体利益。

7.新时代的中国青年要以____________为己任，增强做中国人的志气、骨气、底气，不负时代，不负韶华。

二、选择题

1.下列关于中国梦的理解，正确的是(　　)。

①实现中华民族伟大复兴的中国梦，是中华民族近代以来最伟大的梦想

②实现中国梦，需要我们集中力量提高 GDP 增长速度

③人民是中国梦的主体，是中国梦的创造者和享有者

④中国梦只关系到中国人，与世界人民无关

A.①②　　B.①④　　C.②③　　D.①③

2.2021 年 7 月 1 日，在中国共产党百年华诞之际，第一个百年奋斗目标“全面建成小康社会”如期宣告达成。下列对全面建成小康社会的理解，不正确的是(　　)。

A.基本解决了发展不平衡不全面不协调的问题

B.在此基础上再奋斗 15 年，就能实现社会主义现代化强国目标

C.老少边穷地区人民与全国人民一道同步实现了小康目标

D.困扰中华民族几千年的绝对贫困问题得到了历史性解决

3.党的二十大报告指出，十年来，我们经历了对党和人民事业具有重大现实意义和深远历史意义的三件大事：一是迎来中国共产党成立一百周年，二是中国特色社会主义进入新时代，三是完成脱贫攻坚、全面建成小康社会的历史任务，实现第一个百年奋斗目标。对此，下列认识正确的是（　　）。

①科学社会主义在21世纪的中国焕发出强大生命力

②经过长期努力，我国确立了新的历史方位和社会基本矛盾

③我们比历史上任何时期都更接近、更有信心和能力实现中国梦

④我们创造了人类文明新形态，为发展中国家提供了唯一正确选择

A.①②　　B.①③　　C.②④　　D.③④

4.“生活不止眼前的苟且，还有诗和远方”，这一被奉为金句的心灵鸡汤中，“远方”可以指人们心中的梦想，如果它是我国各族人民的中国梦，应该是（　　）。

A.维护人民当家作主的地位　　B.维护国家的尊严和荣誉

C.维护总体国家安全观　　D.实现中华民族伟大复兴

5.实现中国梦，就是要实现（　　）相统一的梦。

A.国家富强、民族振兴、社会和谐　　B.国家富裕、民族团结、社会和谐

C.国家富强、民族振兴、人民幸福　　D.国家富裕、民族团结、人民幸福

6.中国梦的现实基础是实现（　　）。

A.“两个一百年”奋斗目标　　B.全面建成小康社会目标

C.改革开放的伟大成就　　D.“五位一体”总体布局

7.北京大学原校长周其凤新学年开学时曾寄语：“学会‘担当’，培养‘士以天下为己任’的使命感、抱负和情怀。”这说明（　　）。

①青年人要勇于承担历史使命

②我们要坚持个人前途居首位，同时兼顾国家的发展和民族的振兴

③使命是个人把自己的人生理想融入社会共同理想中而形成的神圣责任感

④每个人的个人理想和历史使命总是一致的，实现了个人理想，也就担当了历史使命

A.②③　　B.②④　　C.①③　　D.③④

8.党的二十大报告指出，要巩固和发展最广泛的爱国统一战线。完善大统战工作格局，坚持大团结大联合，动员全体中华儿女围绕实现中华民族伟大复兴中国梦一起来想、一起来干。这说明（　　）。

①实现中国梦要同世界梦结合起来

②中国梦是人民的梦，要依靠人民来实现

③中国梦能为每个人的成长提供优越条件

④中国梦是中华民族团结奋斗的最大公约数

A.①②　　B.②④　　C.①③　　D.③④

9.我们坚定站在历史正确和人类文明进步的一边,在坚定维护世界和平与发展中谋求自身发展,又以自身发展更好地维护世界和平与发展。这表明(　　)。

①中国梦归根到底是中国人民奉献世界的梦

②中国梦与世界人民的梦想息息相通

③中国梦是中国人民和世界各国人民的共同福祉

④中国梦不仅是中国的梦,也是世界各国的梦

A.①②　　B.①④　　C.②③　　D.③④

10.中国梦终将在一代代(　　)的接力奋斗中变为现实。

A.青年　　B.中国共产党　　C.劳动者　　D.人民群众

三、简答题

1.简述中国梦的内涵。

2.简述中国梦与国际社会的关系。

四、论述题

结合实际,谈一谈“如何做担当民族复兴大任的时代新人”?

五、材料分析题

1.阅读下列材料,并按要求作答。

材料1:2012年11月29日,习近平总书记在参观《复兴之路》展览时首次提出“实现中华民族伟大复兴,就是中华民族近代以来最伟大的梦想”,开启了中国梦的伟大愿景。2013年3月17日,习近平总书记在第十二届全国人民代表大会第一次会议上指出:“实现中华民族伟大复兴的中国梦,就是要实现国家富强、民族振兴、人民幸福。”实现中华民族伟大复兴的中国梦,由此成为新时代最鲜明的主题。2022年10月16日,习近平总书记在党的二十大报告中强调,“从现在起,中国共产党的中心任务就是团结带领全国各族人民全面建成社会主义现代化强国、实现第二个百年奋斗目标,以中国式现代化全面推进中华民族伟大复兴”,进一步吹响了新时代新征程强国建设、民族复兴的冲锋号。

材料2:香港中文大学(深圳)校长讲座教授郑永年说:“我认为中国梦有很多种解读方式,英语中的‘中国梦’比较好理解,可以从个人层面上或国家层面上解读。如果国家富强,人民就有安全感;如果人民富足,国家将拥有坚实的基础。所以我认为,从这两个维度来讲,中国梦意味着国家和个人都不断向前发展。”

结合材料,对于“实现中华民族伟大复兴的中国梦,就是要实现国家富强、民族振兴、人民幸福”这句话,你怎么理解?

2.阅读下列材料,并按要求作答。

材料1:从1998年特大洪水时青年突击队的奋勇冲锋,到“5·12”汶川地震时青年志愿者接力赶往映秀,从回乡抗洪救灾的青年大军,到在北京冬奥会上传递温暖的青年志愿者……新时代青年的所作所为,让人感受到一股澎湃的力量,催人奋进。青年是最富活力、最具创造性的群体,是推动社会发展进步的重要力量。在不同的历史时期,一个个中国青年,用一颗颗爱国爱家的赤子之心,在人民群众危难时刻展现了责任与担当。无数的青春身影正团结起来汇聚成青春榜样,闪耀着时代之光。

材料2:“未来属于青年,希望寄予青年。”习近平总书记在庆祝中国共产党成立100周年大会上发表重要讲话中强调,新时代的中国青年要以实现中华民族伟大复兴为己任,增强做中国人的志气、骨气、底气,不负时代,不负韶华,不负党和人民的殷切期望!

(1)“未来属于青年,希望寄予青年”,你怎么理解这句话?

(2)新时代中国青年为什么要奋斗?应如何奋斗?

参考答案

第一单元　中国特色社会主义的开创、坚持、捍卫、发展

第1课　社会主义在中国的确立与探索

素养提升

红军的英雄壮举和艰苦奋斗的精神，是长征精神和红色基因的主色调。青少年要继承革命传统，弘扬革命精神，传承红色基因，做中国特色社会主义事业的接班人和建设者，把追梦、圆梦的理想融入国家和民族的伟大梦想之中，使之成为行动指南、精神支柱和力量源泉。

具体而言，青少年传承红色基因、赓续长征精神可从多方面着手。(1)加强红色教育学习，通过研读红色经典著作、观看革命历史影片等，深入了解先辈们的英勇事迹与崇高精神，在知识的汲取中筑牢红色根基。(2)积极参与红色主题实践活动，如参观革命纪念馆、烈士陵园等，在实地感悟中让红色基因鲜活起来，增强情感共鸣。(3)在日常生活里践行长征精神，面对困难时秉持坚韧不拔的毅力，学习红军不怕苦不怕累的精神；在集体中发扬团结协作精神，如同革命时期的众志成城。(4)自觉传承红色文化，分享红色故事，使红色基因在新时代的青少年群体中代代相传、生生不息。

习题演练

一、填空题

1.中国工人阶级；新民主主义革命时期

2.中国共产党

3.实现共产主义；为中国人民谋幸福；为中华民族谋复兴

4.民族独立；人民解放

5.农业；手工业；资本主义工商业

6.马克思主义中国化

7.实事求是；群众路线；独立自主

二、选择题

1.C【解析】根据教材可知，1956年三大改造取得了决定性的胜利，社会主义制度基本确立，标志着我国实现了从新民主主义到社会主义的转变，①错误。三大改造的实质是变革旧的生产关系，解除其对生产力的束缚；社会主义建设的探索，为开创中国特色社会主义奠定了重要基础，②③正确。党的十一届三中全会确定把党和国家的工作重点转移到社会主义现代化建设上来，④错误。故C项正确，ABD项错误。

2.B【解析】根据教材可知，1956年，社会主义改造基本完成，表明我国已经完成了从新民主主义到社会

主义的过渡,社会主义基本制度在中国得到了全面的确立。故B项正确,ACD项错误。

3.C【解析】根据教材可知,资产阶级革命推翻了封建帝制,推动了中国社会的进步和发展,①错误。各种救国方案轮番出台,为改变国家命运进行了艰难探索,但都失败了,说明资本主义道路在中国走不通,中国迫切需要新的政治组织引领救亡运动,②③正确。材料没有体现封建势力过于强大,当时是封建势力同帝国主义相勾结,严重阻碍了民族资本主义的发展,④错误。故C项正确,ABD项错误。

4.A【解析】根据教材可知,统一战线、武装斗争、党的建设是中国共产党在中国革命中战胜敌人的三大法宝。故A项正确,BCD项错误。

5.A【解析】根据教材可知,1956年通过对农业、手工业和资本主义工商业进行社会主义改造,社会主义的国有经济迅速发展,逐步成为社会经济中的主导因素,生产资料公有制由此确立,使我国的经济结构、阶级关系发生根本变化,社会主义制度初步形成,故①②④正确。社会主义改造的基本完成,表明我国的一切剥削现象都已经被消灭,太过绝对,③错误。故A项正确,BCD项错误。

6.B【解析】根据教材可知,1840年鸦片战争爆发后,帝国主义的入侵打断了中国从封建社会向资本主义社会发展的正常进程,中国逐步成为半殖民地半封建社会,①④正确,③错误。中国近代并没有走上现代化的道路,②错误。故B项正确,ACD项错误。

7.D【解析】根据教材可知,中国共产党的诞生对"为什么革命,怎样革命"等根本问题给出了正确答案,①错误。五四运动是中国旧民主主义革命走向新民主主义革命的转折点,②错误。中国共产党的诞生使饱经苦难的中国人民有了信赖的组织者和领导者,深刻地改变了近代以后中华民族发展的方向和进程,③④正确。故D项正确,ABC项错误。

8.B【解析】根据材料可知,这个"幸福的年代里"指的是1956年前后,中国特色社会主义的开启是改革开放以后,B项不可能出现在"幸福的年代里",故选B项。1956年前后,我国已进入社会主义社会,社会主义制度基本确立,三大改造仍在进行中,ACD项均可以出现在"幸福的年代里",排除ACD项。

9.C【解析】根据教材可知,中国共产党的诞生使中国革命面貌从此焕然一新,中国人民在实现国家独立与富强的斗争中有了主心骨,逐步走向民族独立和人民解放,②④正确。中华人民共和国成立到社会主义改造基本完成,实现了新民主主义向社会主义的过渡,①错误。材料强调的是中国共产党的诞生,③错误。故C项正确,ABD项错误。

10.B【解析】根据教材可知,新中国的成立实现了中国从封建专制政治向人民民主的伟大飞跃,从根本上改变了中国社会的发展方向,①正确。毛泽东思想是中国革命和建设的正确的理论原则与经验总结,实现了马克思主义中国化的第一次历史性飞跃,②错误。我国社会主义制度的确立,实现了中华民族有史以来最为广泛而深刻的社会变革,③错误。七十五载发愤图强,中华民族伟大复兴展现出前所未有的光明前景,这表明新中国的成立,为实现国家富强、民族复兴展示了美好前景和现实道路,④正确。故B项正确,ACD项错误。

三、简答题

1.从1953年开始,中国进行了对农业、手工业和资本主义工商业的社会主义改造。农业和手工业通过建立生产合作社的方式逐步实现集体化;资本主义工商业通过公私合营等形式逐步实现国有化。到1956年底,三大改造基本完成,标志着社会主义公有制在国民经济中占据主导地位,社会主义制度在中国基本确立。

2.中国在社会主义探索中取得的重大成就:建立了独立的比较完整的工业体系和国民经济体系,农业生产条件显著改变,教育、科学、文化、卫生、体育事业有很大发展;"两弹一星"等国防尖端科技不断取得突破,国防工业从无到有逐步发展起来;人民解放军得到壮大和提高,由单一的陆军发展成为包括海军、空军和其他技术兵种在内的合成军队等。其意义在于:为巩固新生人民政权、确立中国大国地位、维护中华民族尊严提供了坚强后盾，为在新的历史时期开创中国特色社会主义提供了宝贵经验、理论准备、物质基础。

3.毛泽东思想是一个完整的科学思想体系，是中国共产党集体智慧的结晶，主要包括新民主主义革命理论、社会主义革命和社会主义建设理论、革命军队建设和军事战略的理论、政策和策略的理论、思想政治工作和文化工作的理论、党的建设理论等内容。毛泽东思想的活的灵魂是贯穿于各个组成部分的立场、观点、方法，体现为实事求是、群众路线、独立自主三个基本方面。

4.作为一名中职生，可以从社会主义在中国的确立和探索中学到：要有坚定的理想信念，为实现中华民族伟大复兴的中国梦而努力奋斗；要勇于创新，敢于探索，在学习和生活中不断提高自己的能力和素质；要培养艰苦奋斗、无私奉献的精神，为国家和社会的发展贡献自己的力量。

四、论述题

(1)必须坚持党的领导。中国共产党在社会主义在中国的确立和探索过程中发挥了中流砥柱的作用，带领中国人民克服重重困难，取得了重大成就。在当代中国，只有坚持党的领导，才能确保中国特色社会主义事业不断前进。(2)必须坚持以经济建设为中心。社会主义探索时期的曲折告诉我们，只有把经济建设放在首位，不断提高国家的综合实力，才能满足人民日益增长的物质文化需要。(3)必须坚持改革创新。社会主义建设是一个不断发展的过程，需要根据时代的变化和实践的要求，不断进行改革创新，以适应新的形势和任务。(4)必须坚持走中国特色社会主义道路。在社会主义在中国的确立和探索过程中，中国共产党不断总结经验教训，逐步走出了一条符合中国国情的中国特色社会主义道路。这条道路是实现中华民族伟大复兴的必由之路。

五、材料分析题

1.(1)中国共产党坚持用马克思列宁主义科学真理指导革命。(2)中国共产党在领导新民主主义革命的过程中，逐步探索出一条以农村包围城市、武装夺取政权、最后夺取全国胜利的新民主主义革命道路。(3)在中国革命实践中，以毛泽东同志为主要代表的中国共产党人，坚持把马克思列宁主义基本原理和中国具体实际结合起来，创立了毛泽东思想，团结带领全党全国各族人民，经过长期浴血奋斗，完成了新民主主义革命。(4)统一战线、武装斗争、党的建设是中国共产党在中国革命中战胜敌人的三大法宝。

2.(1)中华人民共和国的成立，彻底结束了旧中国半殖民地半封建社会的历史，彻底结束了极少数剥削者统治广大劳动人民的历史，彻底结束了旧中国一盘散沙的局面，彻底废除了列强强加给中国的不平等条约和帝国主义在中国的一切特权，实现了中国从几千年封建专制政治向人民民主的伟大飞跃。(2)中华人民共和国的成立，为实现由新民主主义向社会主义的过渡创造了前提条件，从根本上改变了中国社会的发展方向，为实现国家富强、民族复兴展示了美好前景和现实道路。

第2课　中国特色社会主义的开创和发展

素养提升

在改革开放中成长起来的广大青年具有宽广的视野和自信的心态，但要真正成为担当民族复兴大任的时代新人，还要不断奋发有为。要想让广大青年在新时代改革开放中主动作为、勇担重任，就要用伟大的改革开放精神塑造新时代青年，鼓励他们在新的伟大斗争中不断磨砺自己，肩负起时代赋予的重任。

具体而言，青年弘扬敢闯敢试、敢为人先的改革精神，可从以下几方面努力。在思想观念上，要勇于突破传统思维的束缚，不墨守成规，敢于质疑既有观念和模式，积极接纳新思想、新文化，培养前瞻性的思维。

在学习探索中,敢于挑战高难度知识领域和未知课题,不畏惧失败,大胆尝试新的研究方法和创作形式。在社会实践里,积极参与各类创新创业实践活动,尝试提出创新性的产品或服务设想等。

习题演练

一、填空题

1.经济建设;改革开放

2.家庭联产承包责任制

3.南方谈话

4.和平与发展

5.社会主义初级阶段

6.邓小平理论

7.社会主义初级阶段

8.十二大

二、选择题

1.B【解析】根据教材可知,邓小平团结带领全党全国各族人民全力推进改革开放,为开创中国特色社会主义作出历史性贡献,因此被称为中国改革开放和现代化建设的“总设计师”。故B项正确,ACD项错误。

2.D【解析】根据教材可知,党的十三届四中全会以后,以江泽民同志为主要代表的中国共产党人,团结带领全党全国各族人民,坚持党的基本理论、基本路线,加深了对什么是社会主义、怎样建设社会主义和建设什么样的党、怎样建设党的认识,形成了“三个代表”重要思想。故D项正确,ABC项错误。

3.D【解析】根据教材可知,改革开放以来,中国共产党所有的理论创新在本质上是一致的根本原因在于这些理论成果都围绕着中国特色社会主义这一主题。故D项正确,ABC项错误。

4.D【解析】根据教材可知,这句歌词指的是设立经济特区,建立对外开放的窗口,为扩大开放积累经验。故D项正确,ABC项错误。

5.A【解析】根据教材可知,党的十一届三中全会以后,以邓小平同志为主要代表的中国共产党人创立了邓小平理论,①排第一位。党的十三届四中全会以后,以江泽民同志为主要代表的中国共产党人,形成了“三个代表”重要思想,③排第二位。党的十六大以后,以胡锦涛同志为主要代表的中国共产党人形成了科学发展观,②排第三位。毛泽东思想不是改革开放以来中国共产党取得的理论创新成果,④错误。故A项正确,BCD项错误。

6.D【解析】2013年设立中国(上海)自由贸易试验区,2017年党的十九大提出推动形成全面开放新格局,标志着我国改革开放进入了新的发展阶段,①错误。没有改革开放就没有中国经济的腾飞,改革开放是我国人民赶上时代的重要法宝,②③正确。材料主要讲述深圳的发展,有力地说明了我国改革开放具有积极作用,没有讲述从农村转向城市是我国改革迈出的重要步伐,④错误。故D项正确,ABC项错误。

7.A【解析】根据教材可知,在当代中国,坚持和发展中国特色社会主义,就是真正坚持社会主义,我们要始终高举中国特色社会主义伟大旗帜,坚定道路自信、理论自信、制度自信、文化自信,①②③正确。“三个代表”重要思想成功把中国特色社会主义推向21世纪,④错误。故A项正确,BCD项错误。

8.C【解析】根据教材可知,改革开放进程中取得的理论创新成果指中国共产党把马克思列宁主义基本原理同中国实际相结合、同中华优秀传统文化相结合,成功开创、坚持和发展了中国特色社会主义,可见,中国特色社会主义具有鲜明的实践特色、民族特色和时代特色,②④正确。改革开放以来,党的全部理论与实践都是围绕中国特色社会主义主题展开的,①错误。毛泽东思想是马克思列宁主义基本原理同中国具体实际相结合的产物,不属于改革开放进程中取得的理论创新成果,③错误。故 C 项正确,ABD 项错误。

9.D【解析】根据教材可知,党的十一届三中全会后,我国农村改革率先取得突破,家庭联产承包责任制得以推行,①错误。我国改革首先是经济体制改革,是改革生产关系中不适应生产力的环节,②错误。党的十一届三中全会停止使用“以阶级斗争为纲”的口号,决定将全党的工作重点转移到社会主义现代化建设上来,说明党的十一届三中全会的召开,重新确立了马克思主义的思想路线、政治路线和组织路线,开启了改革开放和社会主义现代化建设新时期,③④正确。故 D 项正确,ABC 项错误。

10.A【解析】根据教材可知,党的十一届三中全会重新确立了马克思主义的思想路线、政治路线和组织路线,开启了改革开放和社会主义现代化建设新时期,实现了中华人民共和国成立以来党的历史上具有深远意义的伟大转折,①②正确。1956 年三大改造完成后,中国建立社会主义制度,进入了社会主义初级阶段,③错误。1984 年党的十二届三中全会的召开,标志着中国改革的重点从农村转向城市,企业改革迈出重要步伐,④错误。故 A 项正确,BCD 项错误。

三、简答题

1.1987 年,党的十三大指出我国正处于社会主义初级阶段,党在这个阶段的基本路线是:“领导和团结全国各族人民,以经济建设为中心,坚持四项基本原则,坚持改革开放,自力更生,艰苦创业,为把我国建设成为富强、民主、文明的社会主义现代化国家而奋斗。”

2.“三个代表”重要思想,即中国共产党始终代表中国先进生产力的发展要求、代表中国先进文化的前进方向、代表中国最广大人民的根本利益。“三个代表”重要思想进一步回答了什么是社会主义、怎样建设社会主义的问题,创造性地回答了建设什么样的党、怎样建设党的问题,是对马克思列宁主义、毛泽东思想和邓小平理论的继承和发展,是中国特色社会主义理论体系的重要组成部分。

3.科学发展观的第一要义是发展,核心是以人为本,基本要求是全面协调可持续,根本方法是统筹兼顾。

四、论述题

(1)坚持改革开放,坚持和发展中国特色社会主义,始终高举中国特色社会主义伟大旗帜,坚定道路自信、理论自信、制度自信、文化自信。(2)坚持以习近平新时代中国特色社会主义思想为指导,坚定理想信念,贯彻新时代中国特色社会主义发展的战略安排,抓住大有可为的历史机遇期。(3)坚持把人生理想融入国家和民族的伟大梦想之中,只有把小我融入大我,勇于追梦,才能汇聚起实现中国梦的强大力量。

五、材料分析题

1.(1)鞋子是紧是松,是软是硬,最有发言权的当属我们的脚,因为脚的存在,我们可以更好地判断一双鞋子是否合适,能否耐穿。中国特色社会主义制度好不好、优越不优越,中国人民最清楚,也最有发言权。一个国家在道路选择、国家治理上必须从实际出发、从国情出发。只有走中国人民自己选择的道路,走适合中国国情的道路,最终才能走得通、走得好。

(2)①中国特色社会主义道路符合中国实际。②中国特色社会主义道路反映中国人民意愿。③中国特色社会主义道路适应时代发展要求。④新征程上,只要始终不渝走中国特色社会主义道路,就一定能够不断实现人民对美好生活的向往,不断推进全体人民共同富裕,实现中华民族伟大复兴的中国梦。

2.党的十一届三中全会以后,以邓小平同志为主要代表的中国共产党人,团结带领全党全国各族人民,深刻总结了我国社会主义建设正反两方面的经验,同时,借鉴世界社会主义历史经验,创立了邓小平理论,作出了把党和国家工作中心转移到经济建设上来、实行改革开放的历史性决策,深刻揭示了社会主义本质,确立了社会主义初级阶段基本路线,明确提出了走自己的路、建设中国特色社会主义,科学回答了建设中国特色社会主义的一系列基本问题,制定了到 21 世纪中叶分三步走,基本实现社会主义现代化的发展战略,成功开创了中国特色社会主义。

第 3 课　中国特色社会主义进入新时代

素养提升

新时代青年要敢于作为，能够亲身参与巩固脱贫攻坚成果，发挥专业优势，将个人前途与国家命运同频共振。

一方面，我们要努力学习专业知识，练就一身过硬本领，将自己的才能投入巩固脱贫攻坚成果和服务群众的一线中去。另一方面，我们要多关心农村，以各种方式支持农村发展，通过各种途径参与巩固脱贫攻坚成果，积极投身服务于"三农"、医疗卫生、基层青年、基层社会管理等工作。

习题演练

一、填空题

1.中国式现代化

2."十四个坚持"

3.不平衡不充分的发展

4.强起来

5.道路自信；制度自信

6.全体人民共同富裕；和平发展

7.改革发展稳定；治党治国治军

二、选择题

1.B【解析】根据教材可知，中国特色社会主义进入新时代是我国发展新的历史方位，①正确。新中国成立、社会主义制度确立和社会主义建设全面展开实现了中华民族从"东亚病夫"到站起来的飞跃，②错误。新时代是全体中华儿女勠力同心、奋力实现中华民族伟大复兴中国梦的时代，③正确。中国特色社会主义道路、理论、制度、文化不断发展，拓展了发展中国家走向现代化的途径，给世界上那些既希望加快发展又希望保持自身独立性的国家和民族提供了全新选择。发展中国家由于国情差异，现代化发展模式也各有特点，④错误。故 B 项正确，ACD 项错误。

2.D【解析】根据材料可知，习近平总书记的讲话为江西全面深化改革开放指明了方向，也表明改革开放是江西高质量发展的重要法宝，③④正确。以中国式现代化全面推进中华民族伟大复兴是当前全国人民的中心任务，也是当前江西的中心任务，①错误。社会主义改造已经完成，改革是推动江西高质量发展的必由之路，②错误。故 D 项正确，ABC 项错误。

3.A【解析】根据教材可知，中国特色社会主义新时代是全面建设社会主义现代化强国的时代，是逐步实现全体人民共同富裕的时代，是离实现中华民族伟大复兴最近的时代，①②正确。新时代是我国日益走近世界舞台中央，不断为人类作出更大贡献的时代，但是我国成为世界领导核心说法错误，③错误。材料主要涉及中华民族自身的发展，没有涉及对世界的贡献，④排除。故 A 项正确，BCD 项错误。

4.A【解析】根据材料可知，中国式现代化一不靠战争，二不靠殖民，三不靠掠夺，这启示广大发展中国家要坚持独立自主,结合本国历史和现实选择自己的发展道路,①正确。中国式现代化打破了“现代化=西方化”的宣传误区,创造了人类文明新形态,这启示广大发展中国家要走出文明误区,认真分析和借鉴中国式现代化的成功经验,②正确。资本主义生产的目的,就是追求剩余价值,“摆脱”说法错误,③错误。中国式现代化创造了人类文明新形态,有各国现代化的共同特征,“超越国家、超越文明”说法错误,④错误。故A项正确,BCD项错误。

5.D【解析】根据教材可知,习近平新时代中国特色社会主义思想是中国特色社会主义理论体系的重要组成部分,明确了中国特色社会主义最本质的特征是中国共产党的领导,①④正确。习近平新时代中国特色社会主义思想为发展中国家走向现代化提供了中国智慧和中国方案,而不是具体方案,②错误。习近平新时代中国特色社会主义思想体现了理论自信而非制度自信,③错误。故D项正确,ABC项错误。

6.A【解析】根据教材可知,习近平文化思想丰富和发展了马克思主义文化理论,标志着我们党对中国特色社会主义文化建设规律的认识达到了新高度,为做好新时代新征程宣传思想文化工作提供了强大思想武器,①③正确。“十四个坚持”概括了新时代坚持和发展中国特色社会主义的基本方略,②错误。“十个明确”是支撑习近平新时代中国特色社会主义思想的“四梁八柱”,④错误。故A项正确,BCD项错误。

7.B【解析】根据教材可知,习近平新时代中国特色社会主义思想是人民的理论,是不断发展开放的理论,为发展马克思主义作出了原创性贡献,①④正确。材料强调在新时代中国特色社会主义实践中丰富发展了马克思主义人民观,不涉及习近平新时代中国特色社会主义思想是实现中华民族伟大复兴的行动指南,②排除。习近平新时代中国特色社会主义思想最为核心和关键的组成部分是“十个明确”,③错误。故B项正确,ACD项错误。

8.B【解析】根据教材可知,习近平新时代中国特色社会主义思想不断引领时代前进,是新时代精神的精华,在指导实践、推动实践发展中展现出强大真理力量,①③正确。习近平新时代中国特色社会主义思想是马克思主义同中国实际的最新结合,而不是最高结合,②错误。毛泽东思想指导中国革命取得胜利,④错误。故B项正确,ACD项错误。

9.B【解析】根据材料可知,习近平新时代中国特色社会主义思想指引中国特色社会主义进入了新时代,充分展现了强大的真理力量和实践伟力,①正确。邓小平理论成功开创了中国特色社会主义,科学发展观成功在新形势下坚持和发展了中国特色社会主义,②错误。习近平新时代中国特色社会主义思想是回答时代之问的科学理论和长期坚持的指导思想,③正确。在中国建立起社会主义制度,实现了中华民族有史以来最为广泛而深刻的社会变革,④错误。故B项正确,ACD项错误。

三、简答题

1.中国式现代化,是中国共产党领导的社会主义现代化,既有各国现代化的共同特征,更有基于自己国情的中国特色。中国式现代化是人口规模巨大的现代化,是全体人民共同富裕的现代化,是物质文明和精神文明相协调的现代化,是人与自然和谐共生的现代化,是走和平发展道路的现代化。

2.习近平新时代中国特色社会主义思想,涵盖改革发展稳定、内政外交国防、治党治国治军等各个领域、各个方面,提出一系列原创性的治国理政新理念新思想新战略,以全新的视野深化了对共产党执政规律、社会主义建设规律、人类社会发展规律的认识。党的十九大、十九届六中全会提出的“十个明确”“十四个坚持”“十三个方面成就”概括了这一思想的主要内容。

3.在中国共产党成立一百年时全面建成小康社会,在新中国成立一百年时建成富强民主文明和谐美丽的社会主义现代化国家。

4.一是迎来中国共产党成立一百周年,二是中国特色社会主义进入新时代,三是完成脱贫攻坚、全面建成小康社会的历史任务,实现第一个百年奋斗目标。

四、论述题

中国特色社会主义进入新时代,青年学生肩负着重大的历史使命。(1)青年学生要坚定理想信念。树立共产主义远大理想和中国特色社会主义共同理想,把个人的理想追求融入国家和民族的事业中,为实现中华民族伟大复兴的中国梦贡献自己的力量。(2)要努力学习科学文化知识。新时代需要高素质的人才,青年学生要珍惜时光,勤奋学习,提高自身的综合素质,为将来报效祖国打下坚实的基础。(3)要培养创新精神和实践能力。新时代是创新的时代,青年学生要敢于创新、善于创新,积极参加社会实践活动,提高自己的实践能力和创新能力。(4)要锤炼高尚品格。青年学生要加强思想道德修养,自觉践行社会主义核心价值观,弘扬中华民族传统美德,做有理想、有道德、有文化、有纪律的社会主义建设者和接班人。

五、材料分析题

1.中国特色社会主义新时代是承前启后、继往开来、在新的历史条件下继续夺取中国特色社会主义伟大胜利的时代,是决胜全面建成小康社会、进而全面建设社会主义现代化强国的时代,是全国各族人民团结奋斗、不断创造美好生活、逐步实现全体人民共同富裕的时代,是全体中华儿女勠力同心、奋力实现中华民族伟大复兴中国梦的时代,是我国不断为人类作出更大贡献的时代。

2.(1)在新民主主义革命时期,探索出了"农村包围城市、武装夺取政权、最终夺取全国胜利"的新的革命道路。(2)中华人民共和国成立后,探索了一条以"一化三改"为主要内容的社会主义改造道路。(3)社会主义制度确立后,在马克思主义基本原理指导下,以苏联经验教训为鉴戒,结合中国实际,探索了一条适合中国的社会主义建设道路。(4)改革开放以来,中国共产党成功开创、坚持和发展了中国特色社会主义。(5)进入新时代后,中国共产党带领中国人民探索出了一条中国式现代化道路。

第二单元　中国特色社会主义经济建设

第4课　社会主义基本经济制度

素养提升

青少年身处伟大时代,肩负伟大使命,当心怀"国之大者",以坚定的理想信念、过硬的本领能力、强烈的使命担当,在新时代的征程中奋勇前行。(1)要志存高远,坚定理想信念。青少年应胸怀天下、志存高远,把人生理想融入国家和民族的事业中。(2)要博学笃行,练就过硬本领。面对不断变化的新技术、新模式、新业态,青少年要努力学习科学知识,提高内在素质,锤炼过硬本领,积极适应时代的发展。(3)要勇挑重担,敢于担当作为。青少年要勇于创新创造,敢为人先、敢于突破,以聪明才智贡献国家,以开拓进取服务社会,在实现中华民族伟大复兴的新长征路上奋勇搏击。

习题演练

一、填空题

1.以公有制为主体

2.国有经济;集体经济

3.国有经济

4.按劳分配为主体

5.国有企业

6.公平

7.市场决定资源配置

8.宏观调控

9.自发性;滞后性

二、选择题

1.C【解析】根据教材可知,以公有制为主体是社会主义初级阶段经济制度的根本特征,故选 C 项。坚持公有制为主体,要求公有资产在社会总资产中占优势,而不是国有资产,排除 A 项。坚持公有制为主体,要保证国有经济控制国民经济命脉,排除 B 项。国有经济对经济发展起主导作用,排除 D 项。

2.D【解析】根据教材可知,个体工商户是社会主义市场经济的重要组成部分,①错误。培育个体工商户“名特优新”,能够释放个体经济的创造力和生产力,推动经济发展,②正确。在市场竞争中,公有制经济和非公有制经济的地位是平等的,提高个体经济地位的说法不当,③错误。个体工商户的发展能够促进就业创业,提高个体劳动者的收入水平,④正确。故 D 项正确,ABC 项错误。

3.A【解析】根据材料可知,国家助力民营企业更好融入新发展格局,是基于民营经济是我国经济社会发展的重要基础,①正确。民营经济是社会主义市场经济的组成部分,②错误。民营经济在我国经济发展中具有重要作用,助力民营经济发展有利于推动我国社会主义市场经济高质量发展,③正确。国有经济对国民经济起主导作用,④错误。故 A 项正确,BCD 项错误。

4.D【解析】根据材料可知,某居民 2023 年的财产性收入包括流转土地收入 6000 元,国债收入 10000 元、存款利息 2000 元,共 18000 元,①错误。在国有经济和集体经济中得到的工资、奖金、津贴收入为按劳分配收入。材料中并没有说明其工资、奖金、津贴的收入来源,不能断定是按劳分配收入,②错误。工资为 60000 元,奖金、津贴为 40000 元,所以劳动性收入为 100000 元,③正确。该居民按资本要素收入包括国债收入 10000 元、存款利息 2000 元,共 12000 元,④正确。故 D 项正确,ABC 项错误。

5.C【解析】根据教材可知,“能通过价格、供求、竞争调节资源配置”是市场配置资源的方式,不是社会主义市场经济体制的基本特征,故选 C 项。社会主义市场经济体制,既能发挥市场经济的优势,又能发挥我国社会主义制度的优越性,排除 A 项。坚持党的领导,发挥党总揽全局、协调各方的领导核心作用,是我国社会主义市场经济体制的一个重要特征,排除 B 项。科学的宏观调控、有效的政府治理,是社会主义市场经济体制优势的内在要求,排除 D 项。

6.C【解析】根据教材可知,公有制为主体、多种所有制经济共同发展,是中国特色社会主义制度的重要支柱,①错误。国家之所以重视国有企业改革,是因为国有企业是我们党执政兴国的重要支柱和依靠力量,是中国特色社会主义的重要物质基础和政治基础,②④正确。国有经济控制着国民经济命脉、我国的生产资料所有制是我国生产关系的核心,③错误。故 C 项正确,ABD 项错误。

7.C【解析】根据教材可知,民营经济属于非公有制经济,是社会主义市场经济的重要组成部分,社会主义经济指的是公有制经济,①错误。依据材料,在外贸上,民企从 2019 年起成为第一大外贸主体,2022 年占比达 50.9%,可以看出民营经济是开拓国际市场、推进中国式现代化的生力军,②正确。以公有制为主体是实现共同富裕的基本前提,国有企业是推进国家现代化、保障人民共同利益的重要力量,③错误。依据材料,在就业上,2012 年至 2022 年,规上私营工业企业吸纳就业占比从 32.1%提高至 48.3%,可以看出民营经济已成为稳定经济、促进创业就业不可或缺的力量,④正确。故 C 项正确,ABD 项错误。

8.C【解析】根据教材可知,民营资本参与重大基础设施建设并不意味着基础设施建设向各类市场主体公平开放,这一说法与实际不符,①排除。民营资本参与重大基础设施建设是引入市场机制的体现,有利于发挥各种所有制的长处,实现优势互补,提升资金的使用效率,②③正确。公有制经济和非公有制经济在市场经济中的地位是平等的,④排除。故 C 项正确,ABD 项错误。

9.D【解析】根据材料可知,国家颁布的《关于开展妨碍统一市场和公平竞争的政策措施清理工作的通知》(以下简称《通知》)可以推进市场的公平竞争,但其不是制度基础和法律保障,①错误。国家颁布《通知》推进了市场的公平竞争,有利于优化营商环境,激发各类市场主体活力,②正确。我国实施社会主义市场经济体制,市场在资源配置中起决定性作用,③错误。国家颁布《通知》,各地区积极作为,有力破除了一批行政性垄断堵点,有效制止了地方保护和市场分割行为,上述举措有利于规范市场秩序,建设统一开放、竞争有序的现代市场体系,④正确。故 D 项正确,ABC 项错误。

10.D【解析】根据教材可知,社会主义市场经济的根本目标是实现共同富裕,故选 D 项。坚持党的领导,发挥市场在资源配置中的决定作用,都是社会主义市场经济的基本特征之一,排除 AC 项。社会主义的根本任务是解放和发展社会生产力,其不是社会主义市场经济的根本目标,排除 B 项。

11.D【解析】根据教材可知,国有企业是国家宏观调控的重要工具,②正确。“在煤炭稳定供应的同时通过增加新能源供给、优化电网调节能力、技术设备突破创新等方面多方着力,为居民生产生活用电提供了保障”,这表明国有经济对国民经济发展起主导作用,④正确。生产资料公有制是社会主义经济制度的基础,①错误。国有企业是国有经济最主要的实现形式,③错误。故 D 项正确,ABC 项错误。

12.A【解析】根据教材可知,我国是共产党领导的社会主义国家,党的领导是中国特色社会主义最本质的特征和中国特色社会主义制度的最大优势,①正确。把社会主义制度和市场经济有机结合起来,这是社会主义市场经济体制的一个重要特征,②正确。促进人民共同富裕,是社会主义市场经济体制的根本目标,也是社会主义市场经济体制的一个重要特征,③正确。宏观调控并非社会主义市场经济所特有的特征,资本主义市场经济也存在宏观调控,只是在调控的性质、目的和效果上有所不同,④错误。故 A 项正确,BCD 项错误。

三、简答题

1.(1)地位:公有制为主体、多种所有制经济共同发展是我国社会主义基本经济制度之一,公有制经济在国民经济中居于主体地位。(2)作用:公有制经济是社会主义经济制度的基础,是国家引导、推动经济和社会发展的基本力量,是实现广大人民根本利益和共同富裕的重要保证。国有经济控制国民经济命脉,对经济发展起主导作用。集体经济是公有制经济的重要组成部分,对于实现共同富裕具有重要作用。

2.(1)非公有制经济在支撑经济增长、促进创新、扩大就业、增加税收等方面具有重要作用。(2)个体经济、私营经济等非公有制经济的发展,有利于促进商品流通,方便人民生活,满足人民多样化的需求。(3)外商投资经济的引入,有利于引进国外的资金、技术和先进管理经验,促进我国经济的国际化发展。

3.(1)社会主义市场经济体制是把社会主义基本制度和市场经济结合起来,既具有市场经济的一般特征,又具有自己鲜明的特点。(2)坚持公有制的主体地位是社会主义市场经济的基本标志。(3)以共同富裕为根本目标。社会主义市场经济体制在分配制度上,坚持按劳分配为主体、多种分配方式并存,防止两极分化,实现共同富裕。(4)能够实行强有力的宏观调控。社会主义国家能够把人民的当前利益和长远利益、局部利益和整体利益结合起来,更好地发挥计划和市场两种手段的长处,使国家对经济的宏观调控做得更好、更有成效。

四、论述题

(1)坚持公有制为主体、多种所有制经济共同发展。①毫不动摇巩固和发展公有制经济。深化国有企业改革,完善中国特色现代企业制度,增强国有经济竞争力、创新力、控制力、影响力、抗风险能力,做强做优做大国有资本。发展壮大农村集体经济,推进农村集体产权制度改革,增强集体经济发展活力和实力。②毫不动摇鼓励、支持、引导非公有制经济发展。进一步优化营商环境,破除制约非公有制经济发展的体制机制障碍,激发非公有制经济活力和创造力。加大对民营企业的政策支持力度,依法保护民营企业产权和企业家权益,促进民营企业健康发展。(2)坚持按劳分配为主体、多种分配方式并存。①坚持按劳分配原则,完善按要素分配的体制机制。提高劳动报酬在初次分配中的比重,健全工资合理增长机制,着力提高低收入群体收入,扩大中等收入群体。完善再分配机制,加大税收、社保、转移支付等调节力度和精准性,合理调节过高收入,取缔非法收入。②发挥第三次分配作用,发展慈善等社会公益事业。鼓励企业和个人积极参与慈善捐赠,促进社会公平正义。(3)加快完善社会主义市场经济体制。①建设高标准市场体系。健全产权保护制度,加强知识产权保护,完善要素市场化配置体制机制,推进要素市场制度建设。②完善宏观经济治理。健全以国家发展规划为战略导向,以财政政策和货币政策为主要手段,就业、产业、投资、消费、环保、区域等政策紧密配合,目标优化、分工合理、高效协同的宏观经济治理体系。③加快转变政府职能。持续优化营商环境,深化"放管服"改革,提高政府服务效能,构建亲清政商关系。总之,在新时代,我们要坚持和完善社会主义基本经济制度,充分发挥社会主义基本经济制度的优势,推动我国经济高质量发展,为实现中华民族伟大复兴的中国梦奠定坚实的经济基础。

五、材料分析题

1.(1)民营经济是社会主义市场经济发展的重要成果,也是推动社会主义市场经济发展的重要力量。改革开放40多年来,我国民营经济从小到大、从弱到强,是在党和国家方针、政策指引下实现的。民营经济在稳定经济增长、促进科技创新、增加就业、改善民生、促进国家税收等方面发挥了重要作用。(2)在我国,国有经济对经济发展起主导作用。改革开放以来,我国所有制结构逐步调整,公有制经济和非公有制经济在发展经济、促进就业等方面的比重不断变化,增强了经济社会发展活力。因此,我们要毫不动摇巩固和发展公有制经济,也要毫不动摇鼓励、支持、引导非公有制经济发展,推动各种所有制取长补短、相互促进、共同发展。

2.科学的宏观调控,有效的政府治理,是发挥社会主义市场经济体制优势的内在要求,新型举国体制集中力量办大事,共同攻克重大科技难题,需要更好地发挥政府作用。社会主义市场经济体制遵循市场决定资源配置的一般规律,新型举国体制也要用好庞大的国内市场需求,尊重市场规律。新型举国体制需要把市场决定资源配置和更好地发挥政府作用有机结合起来,故新型举国体制就是要发挥政府在资源配置中的决定作用表述错误。

第5课　推动高质量发展

素养提升

新时代,机遇与挑战并存,我们要做新时代新青年,敢为人先,承担起时代赋予的责任与使命,在不断提升自己的同时,开拓视野,开拓思维,加强创新精神的培养,做最好的新时代新青年。(1)要不断增强自身的学习能力,增加知识储备。学习不仅是为了了解知识,更是为了成为一个对国家对社会有用的人。通过学习,我们可以从书本中汲取力量,开阔自己的视野,为今后的发展做好铺垫。(2)要转变自身思维,学会创新,将思维的转变与新时代的特色相结合。当今世界,创新者胜,创新者强,创新并不只意味着打破旧有的规则,更要建立新的秩序。所以我们要拥有一双敏锐的眼睛,时刻从生活中发现创新的闪光点,在实践中不断完善自我,成为时代的引领者。

习题演练

一、填空题

1.发展理念

2.发展不平衡

3.创新

4.以人民为中心

5.共同富裕

6.高质量发展阶段

7.现代化经济体系

8.实体经济

9.创新驱动发展战略;人才强国战略

二、填空题

1.C【解析】根据教材可知,创新是发展的第一动力,要摆在发展全局的核心位置,C 项说法错误,故选 C 项。生态文明建设是关系中华民族永续发展的千年大计,绿色发展是永续发展的必要条件和人民对美好生活追求的重要体现,A 项说法正确,排除 A 项。贯彻新发展理念有利于破解发展难题、增强发展动力、厚植发展优势,有利于解决发展不平衡不充分问题,B 项说法正确,排除 B 项。五大新发展理念相互贯通、相互促进,是具有内在联系的集合体,要统一贯彻,D 项说法正确,排除 D 项。

2.C【解析】根据材料可知,新都香城体育中心雨水回收系统年节水 3000 吨以上,基本满足绿化养护用水,坚持了绿色发展理念,促进人与自然和谐,②正确。凤凰山篮球场各场馆按照“非必要不设置”原则控制临时设施搭建,强化场馆低碳智能运行,坚持了创新发展理念,推进场馆建设低碳智能,③正确。大运会办赛的举措未体现坚持协调发展理念和开放发展理念,①④错误。故 C 项正确,ABD 项错误。

3.A【解析】根据材料可知,我们有信心高质量完成目标任务,这是因为各地积极推进新型工业化,因地制宜加快培育和发展新质生产力;超长期特别国债、贴息等财政政策加大实施力度,着力扩内需、稳增长,①③正确。我国的改革是对社会主义制度的完善和发展,②错误。应该是增强消费对经济发展的基础性作用和投资对优化供给侧结构的关键作用,④错误。故 A 项正确,BCD 项错误。

4.C【解析】根据教材可知,生产力的基本要素包括劳动者、劳动对象和劳动资料,新质生产力的提出没有拓展生产力构成的基本要素,①错误。新质生产力是符合新发展理念的先进生产力质态,这一理论深化了对生产力发展规律的认识,为高质量发展提供了科学指引,②③正确。“十四个坚持”是实现中华民族伟大复兴的“路线图”和“方法论”,④错误。故 C 项正确,ABD 项错误。

5.C【解析】根据材料可知,材料所述为河北省内车辆换新行动方案,与建设更高水平开放型经济新体制无关,①错误。该方案要求依法依规淘汰符合强制报废标准的老旧汽车,有利于推动产业结构的优化和升级,进而实现高质量发展,②正确。该方案鼓励电动自行车以旧换新,能更好释放内需潜力,进一步筑牢经济发展的内需基础,③正确。该方案通过发挥政府作用,实施科学的宏观调控,而不是运用市场经济调节,

④错误。故 C 项正确,ABD 项错误。

6.C【解析】根据材料可知,H 公司的成功主要得益于其及时转型,向新能源智能装备领域进军,即制定了正确的经营战略,故 C 项正确。材料未涉及“国际品牌”“优化管理层”和“混合所有制改革”,ABD 项与题意不符。

7.B【解析】根据材料可知,中国拥有持续稳住物价的底气和能力,主要得益于我国政府科学的宏观调控,市场保供机制健全;深化供给侧结构性改革,产业链韧性增强,①④正确。我国虽有超大规模消费市场,内需潜能持续释放,但消费旺盛在供给一定的情况下会导致物价上涨,不利于降低通货膨胀率,②错误。坚持立足本国资源,阻断输入型通货膨胀风险,不符合我国开放新发展理念,③错误。故 B 项正确,ACD 项错误。

8.A【解析】根据材料可知,某地政府坚持以群众需求为导向,聚焦群众办事难点和审批服务堵点,全力推进“最多跑一次”改革,群众满意率极大提升,上述做法体现了坚持以人民为中心,把满足人民群众需求作为工作的出发点、落脚点,故 A 项正确。“最多跑一次”的改革体现了坚持以人民为中心,不涉及坚持新发展理念、坚持全面依法治国和坚持党的领导,排除 BCD 项。

9.C【解析】根据教材可知,我国新发展理念为创新、协调、绿色、开放、共享。故 C 项正确,ABD 项错误。

10.A【解析】根据教材可知,高质量发展是全面建设社会主义现代化国家的首要任务。故 A 项正确,BCD 项错误。

三、简答题

1.(1)是适应我国社会主要矛盾变化的必然要求。(2)是建设现代化经济体系的必由之路。(3)能够提高我国经济的竞争力和可持续发展能力。(4)有利于满足人民日益增长的美好生活需要。

2.(1)科技创新推动产业升级,提高生产效率。(2)理论创新为发展提供新的思路和方法。(3)制度创新营造良好的发展环境。(4)文化创新激发社会创造力。

3.(1)促进区域协调发展,缩小地区差距。(2)推动城乡协调发展,实现城乡一体化。(3)加强经济社会协调发展,实现经济发展与社会进步同步。(4)注重人与自然协调发展,实现可持续发展。

四、论述题

(1)理解。推动高质量发展是我国经济发展的必然选择。随着我国经济的快速发展,社会主要矛盾已经转化为人民日益增长的美好生活需要和不平衡不充分的发展之间的矛盾。推动高质量发展,就是要解决发展不平衡不充分的问题,满足人民对美好生活的向往。高质量发展具有创新性、协调性、绿色性、开放性和共享性等特点。创新是推动高质量发展的关键,只有不断创新,才能提高经济的竞争力和可持续发展能力。协调发展要求实现区域、城乡、经济社会和人与自然的协调共进,缩小发展差距,实现共同发展。绿色发展强调经济发展与环境保护并重,实现可持续发展。开放发展注重多边合作、双边合作等形式的对外经济合作与交流,积极参与全球经济治理,提高我国的国际竞争力。共享发展的目标是全体人民共同富裕,让发展成果更多更公平地惠及全体人民。(2)建议。①加强科技创新,提高自主创新能力,推动产业升级。②促进区域协调发展,加大对落后地区的支持力度,缩小地区差距。③推动城乡协调发展,加强农村基础设施建设,提高农村公共服务水平。④加强环境保护,推动绿色发展,实现可持续发展。⑤积极参与全球经济治理,推动开放发展,提高我国的国际竞争力。⑥加强社会保障体系建设,推动共享发展,让发展成果更多更公平地惠及全体人民。

五、材料分析题

1.该市的做法主要体现了绿色、协调、共享的新发展理念。(1)绿色发展注重的是解决人与自然和谐共生问题。该市努力打造循环经济,致力于建立循环型社会,走出了一条与环境相和谐美丽的经济发展道路,这体现了绿色发展理念。(2)协调发展注重的是解决发展不平衡问题。该市通过努力使城乡经济社会保持持续健康发展,城乡收入差距逐步缩小,形成了城乡群众共创共享改革发展成果的机制,这体现了协调发展理念。(3)共享发展注重的是解决社会公平正义问题。该市经过几年的探索和努力,形成了城乡群众共创共享改革发展成果的机制,让人民有更多获得感,这体现了共享发展理念。

2.(1)社会主义市场经济体制能够把社会主义基本经济制度的优势同市场经济的长处结合起来,既充分发挥市场在资源配置中的决定性作用,又更好发挥政府作用。因地制宜发展新质生产力需要市场对资源配置起决定性作用,通过价格、供求、竞争等机制引导资源向先进制造业高效集聚,推动新技术、新产品、新产业大量涌现。(2)政府要履行经济职能,进行科学的宏观调控。健全因地制宜发展新质生产力体制机制,需要政府优化产业政策实施机制,破除阻碍要素自由流动的人为障碍,为新质生产力发展创造良好的市场环境。

第 6 课　推动形成全面对外开放新局面

素养提升

和平、发展、公平、正义、民主、自由是全人类共同价值。青少年要立足中国、胸怀世界、开放包容、共赢共享,为世界发展注入青春力量。(1)具备科学的思想基础。青少年思维活跃、乐于求知、敢于尝试,在积极融入全球发展时代潮流时,应平衡全球化和本土化的思想维度,胸怀世界,提升文明鉴赏能力,继承和创新中华文明的传统知识资源。(2)掌握扎实的实践能力。青少年应积极创新创造,推动开放发展,增强合作共赢能力;多参与人文交流,讲好中国故事,拓展合作共赢前景。

习题演练

一、填空题

1.开放

2.互利共赢

3.经济全球化

4.生产全球化;金融全球化

5.合作共赢

6.共商共建共享

7.平等;开放;共享

二、选择题

1.C【解析】根据材料可知,《西安宣言》意在加强团结合作,建设人类命运共同体,并不涉及反对霸权主义和强权政治,①错误。《西安宣言》是中国与中亚在互联互通数字经济上的合作,可以把比较优势转变为竞争与合作优势,摒弃零和博弈,共享发展机遇,②④正确。改变世界格局的说法夸大实际,③错误。故C项正确,ABD项错误。

2.A【解析】根据材料可知,共同富裕不是整齐划一的平均主义,它是分阶段、循序渐进进行的,①正确。科学的宏观调控、有效的政府治理,是社会主义市场经济体制优势的内在要求,②错误。促进全体人民实现共同富裕,是社会主义市场经济体制的根本目标,③正确。我国坚持以经济建设为中心,④错误。故A项正确,BCD项错误。

3.C【解析】根据材料可知,如果国内企业能够提供质量更为优良的文化产品,那么这些产品自然能够吸引更多的消费者,特别是年轻一代。这符合供给侧结构性改革的核心,故C项正确,ABD项错误。

4.B【解析】根据材料可知,发展数字经济应坚持创新发展,完善产业体系。故B项正确,ACD项错误。

5.A【解析】根据材料可知,互联网平台企业在协同小微企业对外贸易上潜力巨大,也说明小微企业可以通过互联网平台深入参与全球产业链,①②正确。国有企业是我国科技创新特别是数字化重大工程的骨干力量,③错误。跨国公司是经济全球化的重要载体,④错误。故A项正确,BCD项错误。

6.C【解析】根据教材可知,当今世界经济的一个显著特征是商品、服务及技术、资金、劳务等要素,通过日益频繁的国际贸易、国际金融在全球范围内迅速流动和广泛配置,世界经济出现了高度融合的局面,这就是经济全球化。经济全球化主要表现为生产全球化、贸易全球化和金融全球化。故C项正确,ABD项错误。

7.C【解析】根据教材可知,经济全球化是生产力发展的客观要求,可推动生产力的发展,它促进了贸易大繁荣、投资大便利、人员大流动、技术大发展,为世界经济增长提供了强劲动力,①④正确。经济全球化促进了各国的经济合作和生产力的发展,但不能消除发达国家与发展中国家的差距,②错误。经济全球化增强了世界各国的经济联系,一个国家的经济波动可能殃及他国,加剧全球经济的不稳定性,③错误。故C项正确,ABD项错误。

8.A【解析】根据材料可知,玩具娃娃的生产涉及沙特、美国、中国和日本等,体现商品生产全球化,玩具娃娃的生产说明跨国公司推动经济全球化,①②正确。材料体现的是生产全球化,不是金融全球化,③错误。材料没有体现发达国家与发展中国家利益分配比例,④错误。故A项正确,BCD项错误。

9.C【解析】根据教材可知,我国在技术创新等方面取得重大进展,这得益于我国坚持把独立自主、自力更生作为自身的出发点,积极提高自主创新能力,抢占科技竞争制高点,②③正确。我国以更加自信开放的姿态,屹立于世界民族之林,是我国科技创新成果取得的意义,①错误。我国取得技术创新成果主要是自身努力的结果,而非得益于保护外商投资权益,④错误。故C项正确,ABD项错误。

10.A【解析】根据材料可知,中国的"一带一路"倡议秉持互利共赢的原则,顺应世界潮流,促进国际交流与合作,推动各国共同发展,①②正确。共同利益是国家间合作的基础,③错误。各国间由于国家性质、民族宗教等多方因素,其根本利益不一致,一致的是共同利益,④错误。故A项正确,BCD项错误。

三、简答题

1.推动形成全面对外开放新局面的重要意义如下。(1)有利于充分利用国际国内两个市场、两种资源,促进经济持续健康发展。(2)有利于提高我国的国际竞争力,在国际经济合作与竞争中占据有利地位。(3)有利于推动经济全球化朝着更加开放、包容、普惠、平衡、共赢的方向发展,实现共同繁荣。

2.我国在推动形成全面对外开放新局面中应坚持的原则:坚持独立自主、自力更生原则,在立足自身发展的基础上实行对外开放。

3."一带一路"倡议对我国推动形成全面对外开放新局面的作用如下。(1)"一带一路"倡议为我国与共建国家的贸易和投资合作提供了新机遇,拓展了对外开放的广度和深度。(2)促进了国际产能合作,推动了我国产业升级和经济结构调整。(3)增进了我国与共建国家的人文交流,提升了我国的国际形象和影响力。

四、论述题

在全面对外开放新局面下,我国企业应从以下几个方面提高自身竞争力。(1)加强技术创新,提高产品质量和附加值,打造具有核心竞争力的产品。(2)加强管理创新,提高企业管理水平,降低成本,提高效率。(3)积极拓展国际市场,加强国际合作与交流,学习国外先进的技术和管理经验。(4)注重品牌建设,提高品牌知名度和美誉度，树立良好的企业形象。(5)加强人才培养，吸引和留住优秀人才，为企业发展提供人才支撑。

五、材料分析题

1.(1)对外开放是中国的基本国策，实践充分证明，不断扩大对外开放、提高对外开放水平是我国发展不断取得巨大成就的重要法宝，是国家繁荣发展的必由之路。(2)改革开放是决定当代中国命运的关键一招，也是决定实现"两个一百年"奋斗目标、实现中华民族伟大复兴的关键一招。中国积极推动构建"一带一路"，展现了中国推进高水平对外开放的务实行动，有利于为中国经济和共建国家经济的发展提供新的平台，增添新的动力。(3)当今世界是开放的世界，开放带来进步，我国坚定不移全面扩大开放，顺应了中国人民要发展、要美好生活的要求，顺应了"一带一路"沿线各国人民要发展、要合作的时代潮流。

2.坚持对外开放的基本国策，促进与中亚五国合作，实现互利共赢。转变对外经济发展方式，优化贸易结构，推进贸易强国建设。实行高水平的贸易自由化便利化政策，构建安全高效的开放型经济体系。

第三单元　中国特色社会主义政治建设

第 7 课　党是最高政治领导力量

素养提升

听党话、跟党走既是对中国青少年的政治要求，也是广大青少年实现人生价值的必由之路。我们要坚定不移地追随党的步伐，将自身发展融入党和国家事业发展全局。(1)要坚定理想信念。我们要胸怀理想、志存高远，在服务"两个一百年"奋斗目标发展大局中树立起我们青少年的人生信仰、点燃起我们青少年的青春梦想。(2)要具备扎实学识。我们既要有干事的激情，更需要有成事的本领；既要全面系统练就真本领，更要学以致用，在实践中修正和充实所学本领，在各领域争创领军人物，争当新时代中国特色社会主义事业的奋进者、开拓者、奉献者。(3)要勇于担当。能自觉担当重任，在全面建成社会主义现代化强国、实现中华民族伟大复兴的时代洪流中踔厉奋发、笃行不怠、勇毅前行。

习题演练

一、填空题

1.中国共产党

2.中国先进生产力；中国最广大人民

3.实现共产主义

4.全心全意为人民服务

5.执政为民

6.为中国人民谋幸福

7.中国共产党领导

8.党中央集中统一领导

9.勇于自我革命

二、选择题

1.C【解析】根据教材可知,解放思想、实事求是、与时俱进、求真务实是党始终走在时代前列,永葆生机活力的法宝。故C项正确,ABD项错误。

2.A【解析】通过党纪学习教育,可保持党的先进性和纯洁性,统一思想意志行动,①②正确。司法职能是司法机关的职能,党不能履行司法职能,③错误。开展党纪学习教育不是制度,④夸大了党纪学习教育的作用,④错误。故A项正确,BCD项错误。

3.C【解析】根据材料可知,钱七虎的事迹,生动体现了中国共产党人坚定信念、勇于拼搏、无私奉献的高尚品质和崇高精神,这启示广大共产党员要不忘初心、牢记使命,承担起自己的责任和使命,热爱祖国、不负人民,发挥党员的先锋模范作用,②③正确。立党为公、执政为民是中国共产党的执政理念,而不是共产党员的执政理念,①错误。中国共产党依法执政,而不是共产党员,④错误。故C项正确,ABD项错误。

4.B【解析】材料表明中国共产党坚持解放思想、实事求是。故B项正确,ACD项错误。

5.C【解析】根据材料可知,"始终坚持民主执政"说法不符合史实,①错误。分成两半的被子充分表明中国共产党始终以人民利益作为工作的出发点和落脚点,始终坚守人民立场,践行党的初心和使命,②③正确。人民是决定国家前途的根本力量,④错误。故C项正确,ABD项错误。

6.C【解析】根据材料可知,"四下基层"一方面体现了中国共产党深入群众,牢记群众观点,贯彻群众路线,另一方面体现了中国共产党坚持实事求是,努力求真务实,②④正确。坚持依法执政、加强政治建设等在材料中均未体现,①③错误。故C项正确,ABD项错误。

7.D【解析】根据教材可知,中国共产党是执政党,要坚持依法执政,政府要坚持依法行政,①错误。勇于自我革命是中国共产党永葆生机活力的密码,在新时代新征程中不断推进自我革命,表明中国共产党勇于自我革命,不断加强自身建设,保持党的先进性和纯洁性,不断提高党的执政能力,②④正确。材料未体现全面从严治党,而且全面从严治党的制度早已确立,③错误。故D项正确,ABC项错误。

8.B【解析】根据教材可知,依法治国必须坚持党的全面领导,这是基于中国特色社会主义最本质的特征是中国共产党领导,中国共产党能保证依法治国的正确方向,①④正确。材料未强调全面依法治国的重要性,②错误。人民当家作主是社会主义民主政治的本质和核心,③错误。故B项正确,ACD项错误。

9.D【解析】根据教材可知,党的组织领导表现为向国家机关推荐重要干部,充分发挥各级党委的领导核心作用和基层党组织的战斗堡垒作用,来影响和带领广大人民群众,贯彻落实党的路线、方针和政策,③④正确。宣传"不忘初心、牢记使命"属于思想领导,①错误。中共中央、国务院印发《长江三角洲区域一体化发展规划纲要》属于党的政治领导,②错误。故D项正确,ABC项错误。

10.A【解析】材料反映出云浮市委与时俱进,通过党的思想建设保持广大党员干部的先进性和纯洁性,全面加强党员队伍建设,以奠定党组织坚不可摧的基础,①②正确。材料未体现云浮市委让更多群众加入党组织,③错误。党员要维护人民群众利益,并不意味要放弃个人利益,④错误。故A项正确,BCD项错误。

三、简答题

1.党是最高政治领导力量的表现主要有以下几个方面。(1)党是政治方向的引领者,党的理论和路线、方针、政策决定国家发展的方向。(2)党是政治体系的统领者,党总揽全局、协调各方,确保国家政治体系的有序运行。(3)党是重大决策的主导者,对国家重大事务作出决策。(4)党是社会力量的凝聚者,把全国各族人民团结在党的周围,为实现共同目标而奋斗。

2.坚持党的全面领导,是因为:(1)党的领导是中国特色社会主义最本质的特征,是中国特色社会主义制度的最大优势。(2)坚持党的全面领导是实现国家长治久安的根本保证。(3)坚持党的全面领导是实现中华民族伟大复兴的必然要求。(4)历史和人民选择了中国共产党,只有坚持党的全面领导,才能不断从胜利走向新的胜利。

3.加强党的领导可以从以下几个方面入手。(1)加强党的政治建设,坚定政治信仰,强化政治领导。(2)加强党的思想建设,用党的创新理论武装头脑。(3)加强党的组织建设,培养造就高素质干部队伍。(4)加强党的作风建设,保持党同人民群众的血肉联系。(5)加强党的纪律建设,确保党的先进性和纯洁性。

四、论述题

在新时代坚持和加强党的全面领导,需要从以下几个方面努力。(1)必须增强"四个意识"、坚定"四个自信"、做到"两个维护"。要始终在思想上政治上行动上同以习近平同志为核心的党中央保持高度一致,确保党的领导核心地位不动摇。(2)要坚持和完善党的领导制度体系。健全总揽全局、协调各方的党的领导制度体系,把党的领导落实到国家治理各领域各方面各环节。(3)要加强党的自身建设。坚持党要管党、全面从严治党,不断提高党的建设质量,保持党的先进性和纯洁性。加强党的干部队伍建设,培养造就忠诚干净担当的高素质专业化干部队伍。(4)要充分发挥党的领导核心作用。在经济建设、政治建设、文化建设、社会建设、生态文明建设等各个领域,党都要发挥总揽全局、协调各方的领导核心作用,确保各项事业沿着正确方向前进。(5)要坚持以人民为中心。中国共产党始终把人民对美好生活的向往作为奋斗目标,不断增强人民群众的获得感、幸福感、安全感。总之,在新时代,我们必须坚持和加强党的全面领导,为实现中华民族伟大复兴的中国梦提供坚强的政治保证。

五、材料分析题

1.(1)中国特色社会主义进入了新时代,我国社会主要矛盾已经转化为人民日益增长的美好生活需要和不平衡不充分的发展之间的矛盾。(2)中国共产党是中国特色社会主义事业的领导核心,是中国工人阶级的先锋队,同时也是中国人民和中华民族的先锋队;执政理念是立党为公、执政为民;根本宗旨是全心全意为人民服务。(3)我国人民民主专政的国家性质决定了人民是国家的主人,人民是历史的创造者,是决定党和国家前途命运的根本力量。

2.(1)中国共产党坚持解放思想、实事求是、与时俱进、求真务实。中国共产党能够从实际出发,探求事物的客观规律作为我们行动的向导。(2)中国共产党坚持人民主体地位,以人民为中心。中国共产党之所以在不同时期,面对不同困难,都能不断创造奇迹,究其根源正在于坚持全心全意为人民服务,坚持立党为公、执政为民的执政理念。(3)发挥党员的先锋模范作用,使党成为时代先锋、民族脊梁,永葆创造力、凝聚力和战斗力,是党不断取得胜利的坚强保证。(4)中国共产党加强自我革命,坚持全面从严治党,保持党的先进性和纯洁性,这是我们党不断从胜利走向新的胜利的关键所在。

第 8 课　用制度体系保证人民当家作主

素养提升

(1)在正确认识党对制度建设的探索中坚定制度自信。深入学习中国特色社会主义制度形成、发展并不断完善的历史逻辑,正确认识党对制度建设的探索历程,理解制度建设不是一蹴而就的,必须适应我国发展要求和时代潮流,在守正创新中坚定中国特色社会主义制度自信。(2)在正确认识世界和中国发展大势中坚定制度自信。从中国特色社会主义理论逻辑的角度,正确认识世界和中国的发展大势,深刻理解中国特色社会主义制度是以马克思主义为指导、植根中国大地、具有深厚中华文化根基、深得人民拥护的制度，是具有强大生命力和巨大优越性的制度，从而不断增强为共产主义远大理想和中国特色社会主义共同理想而奋斗的理论认同，坚定中国特色社会主义制度自信。

习题演练

一、填空题

1.工人阶级；工农联盟

2.人民民主专政

3.人民当家作主

4.人民代表大会制度

5.人民代表大会制度

6.全国人民代表大会

7.互相监督；荣辱与共

8.中国共产党的领导

9.民族区域自治制度

10.基层群众自治制度

二、选择题

1.A【解析】根据材料可知，全国人大常委会启动社会保险法执法检查，体现了全国人大常委会依法行使监督权，切实提升社会保障水平，①正确。此次执法检查采取执法检查组赴地方检查、委托省级人大常委会检查相结合的方式，这说明全国人大常委会坚持民主集中制，维护法律权威，②正确。全国人大常委会是全国人大的常设机构，而不是职能部门，③错误。我国的法律监督机关是检察院，不是全国人大常委会，④错误。故A项正确，BCD项错误。

2.A【解析】根据教材可知，“人民民主专政是民主与专政的统一”解释了人民民主专政的特点，并不是我国坚持人民民主专政的原因，①错误。人民民主专政的本质是人民当家作主，且这不是我国坚持人民民主专政的原因，②错误。人民民主专政有利于保障人民当家作主，坚持人民民主专政作为四项基本原则之一，是我国的立国之本，已被写入宪法，③正确。坚持人民民主专政是社会主义现代化建设的政治保障，④正确。故A项正确，BCD项错误。

3.D【解析】根据教材可知，人民代表大会制度是我国的根本政治制度，不是基本政治制度，①错误。材料说明了人民代表大会制度符合我国国情和实际，是保障实现中华民族伟大复兴的好制度，②正确。习近平新时代中国特色社会主义思想为新时代党和国家事业发展提供了根本遵循，③错误。材料说明人民代表大会制度广泛调动了人民群众建设社会主义的积极性、主动性和创造性，④正确。故D项正确，ABC项错误。

4.B【解析】材料表明检察机关自觉接受监督，服务经济社会发展，①正确。人大代表没有民主监督的国家职能，②错误。代表们围绕护航民营经济等方面提出意见和建议，不是人大代表听取意见和建议。材料没有涉及地方人民政府，③错误。最高人民检察院有关负责人向部分全国人大代表征求工作意见，体现了国家检察机关对国家权力机关负责并受其监督，说明了民主集中制是我国人民代表大会制度的组织与活动原则，④正确。故B项正确，ACD项错误。

5.C【解析】全国政协围绕“统筹乡村基础设施和公共服务布局”主题召开双周协商座谈会，未创新协商方式，A项排除。材料强调全国政协为了把农民关心的事情办好而汇聚智慧，未涉及统筹城乡融合发展，且夸大了政协的作用,B 项排除。材料强调政协积极参政议政,推进了科学民主决策,但并未创新治理模式,提升基层治理效能,故 C 项正确,D 项排除。

6.B【解析】根据教材可知,铸牢中华民族共同体意识有利于巩固和发展社会主义民族关系,故 B 项正确。铸牢中华民族共同体意识有利于维护民族平等和民族团结,但不能消除民族差距,A 项排除。铸牢中华民族共同体意识有利于增强民族凝聚力,实现共同富裕,不是实现同步富裕,C 项排除。国家统一是我国实行民族区域自治制度的前提和基础,D 项排除。

7.B【解析】根据材料可知,对口援疆有利于促进各民族共同繁荣,铸牢中华民族共同体意识,故 B 项正确。我国各族人民在民族平等的基础上和谐相处、共同奋斗,A 项排除。对口援疆对在中国式现代化进程中更好建设美丽新疆起重要作用,但不是决定性作用,C 项排除。新中国成立为建设和发展平等、团结、互助、和谐的社会主义民族关系奠定了坚实基础,D 项排除。

8.A【解析】材料中该地的做法提升了新就业群体参与民主管理的热情与能力,故 A 项正确。BCD 项均未涉及。

9.B【解析】根据材料可知,J 村通过“三重一大”事项实行集体决策,做好村务公开工作,便于村民参与民主决策和民主监督,保障了村民直接行使民主权利;同时有利于村民有效监督村委会的工作,①③正确。材料中村委会是基层自治组织,该做法并不能使基层群众自治组织结构得以完善,②错误。村民参与本村公共事务的范围由相关法律法规规定,因此“扩大了村民参与本村公共事务的范围”的说法错误,④错误。故 B 项正确,ACD 项错误。

10.D【解析】根据教材可知,国家统一是我国实行民族区域自治制度的前提和基础,①错误。材料强调民族团结的重要意义,未涉及自治权是民族区域自治制度的核心内容,②错误。习近平总书记强调不断推进民族团结进步事业,推进中华民族共同体建设,表明我国坚持民族平等、民族团结、各民族共同繁荣的方针,③正确。材料表明铸牢中华民族共同体意识,有利于巩固和发展社会主义新型民族关系,④正确。故 D 项正确,ABC 项错误。

三、简答题

1.民族区域自治制度,既保证了国家团结统一,又实现了各民族共同当家作主。这一制度符合我国国情,在维护祖国统一和领土完整、加强民族平等团结、促进民族地区发展、增强中华民族凝聚力等方面都起到了重要作用。

2.(1)保障了人民当家作主。人民通过民主选举选出代表,组成国家权力机关,行使国家权力。(2)动员了全体人民以国家主人翁的地位投身社会主义建设。(3)保证了国家机关协调高效运转。人民代表大会作为国家权力机关统一行使国家权力,国家行政机关、监察机关、审判机关、检察机关都由人民代表大会产生,对人大负责,受人大监督。(4)维护了国家统一和民族团结。在中央的统一领导下,合理划分中央和地方的职权,充分发挥中央和地方两个积极性。

3.基层群众自治制度的主要内容包括村民自治、城市居民自治和职工代表大会等。其意义主要如下。(1)有利于人民群众直接行使民主权利。基层群众通过自我管理、自我服务、自我教育、自我监督,直接参与基层事务的管理和决策。(2)有利于实现自我管理、自我服务、自我教育、自我监督。基层群众在自治过程中,不断提高自身的民主意识和政治参与能力。(3)有利于促进社会和谐稳定。基层群众自治制度能够及时化解矛盾纠纷,维护社会稳定,促进社会和谐。

四、论述题

(1)人民代表大会制度是我国的根本政治制度,它保障了人民当家作主。人民通过民主选举选出代表,组成国家权力机关,行使国家权力。国家行政机关、监察机关、审判机关、检察机关都由人民代表大会产生,对人大负责，受人大监督，确保国家权力始终掌握在人民手中。(2)中国共产党领导的多党合作和政治协商制度是我国的基本政治制度之一，它为各民主党派和无党派人士提供了参政议政、民主监督的平台。各民主党派和无党派人士围绕国家重大问题和涉及人民群众切身利益的实际问题，积极建言献策，反映社情民意，促进决策的科学化、民主化，保障了人民的民主权利。(3)民族区域自治制度是我国的基本政治制度之一，它保障了少数民族人民当家作主。在民族区域自治地方，自治机关依法行使自治权，自主管理本地区的内部事务，保障了少数民族人民的政治、经济、文化等各项权利。(4)基层群众自治制度是我国的基本政治制度之一，它保障了人民群众直接行使民主权利。基层群众通过自我管理、自我服务、自我教育、自我监督，直接参与基层事务的管理和决策，实现了人民当家作主。综上所述，我国的制度体系涵盖了各个方面，形成了完整的体系，为保证人民当家作主提供了坚实的制度保障。

五、材料分析题

1.(1)实现建立跨组党支部(党小组)全覆盖，有利于发挥基层党组织的战斗堡垒作用，为基层治理提供组织保证。(2)由网格员和社区党员带头召开居民议事会议，有利于发挥党员的先锋模范作用。(3)定期召开跨组群众会、跨组夜话、跨组代表会，有利于民主管理，引导群众自发参与社会治理。(4)开展群众说事、民情恳谈、百姓议事、妇女议事等协商活动，有利于推进民主协商，提升基层治理能力。

2.(1)坚持中国共产党的领导，坚持和发展民族区域自治制度。保证其依法享有自治权，切实尊重和保障少数民族的合法权益，积极推动当地的经济社会文化发展。(2)坚持民族平等、民族团结、各民族共同繁荣的方针，巩固和发展平等、团结、互助、和谐的社会主义民族关系。(3)依法妥善处理影响民族关系的各种矛盾和问题，依法打击民族分裂势力及其活动，坚决反对和有力回击境内外敌对势力利用民族问题进行的渗透、破坏活动。(4)深化民族团结进步教育，增进各民族对伟大祖国、中华民族、中华文化、中国共产党、中国特色社会主义的认同，铸牢中华民族共同体意识，共同团结奋斗，共同繁荣发展。

第 9 课　发展社会主义民主政治

素养提升

中国特色社会主义民主是每一位青年都能够参与其中的民主，是一个全面协商民主、重视基层民主、强调共同治理的全过程人民民主。我们要自觉学习党史、国史，增强爱国主义情怀，了解党在不同历史时期带领人民取得的伟大历史成就，不断厚植爱国、进步、民主、科学的伟大情怀，不断坚定中国特色社会主义制度自信。积极学习政治参与的方法、途径，进一步增强参与的意识和能力，提高对国家政策的关注度和认同感，通过提升政治素养成长为担当民族复兴大任的时代新人。

习题演练

一、填空题

1.全过程人民民主

2.最广泛；最真实

3.民主选举；民主协商；民主管理

4.协商民主

5.党的领导;人民当家作主

6.依法治国

7.“一国两制”

8.中华民族共同体意识

二、选择题

1.C【解析】根据材料可知,国家职能要与人民民主专政的国体相适应,①错误。材料表明国家坚决维护国家稳定和人民群众的合法权益,履行专政职能是坚持人民民主专政的应有之义,②③正确。材料强调专政的重要性,没有体现社会主义民主的特点,④错误。故C项正确,ABD项错误。

2.D【解析】根据材料可知,之所以更好地听民声、解民忧、办实事,是因为我国是人民民主专政的国家,我国有人民当家作主的制度优势,故D项正确。本题的设问要求是“问民所需、解民所忧、解决群众实际困难”的原因,而“创新为人民服务的新路径”是做法和措施,不是原因,A项排除。我国是人民民主专政的国家,人民是国家的主人,国家应该为“人民”解决难题,而不是“公民”,B项排除。公民维权不是我国民主特点,我国的人民民主是最广泛、最真实、最管用的全过程人民民主,C项排除。

3.B【解析】从材料中温岭的实践可以看出,民主恳谈可以成为基层民主协商的典型形式,故B项正确。材料未涉及完善基层民主制度,A项排除。协商民主不是法律途径,C项排除。协商民主是实践全过程人民民主的重要形式,而不是关键环节,D项排除。

4.B【解析】根据教材可知,全过程人民民主是社会主义民主政治的本质属性,是我国社会主义民主政治的鲜明特点,①正确。我国民主是全体人民最广泛、最真实、最管用的民主,②错误。中国民主建设智慧和方案为其他各国民主提供了借鉴,而不是样板,民主要结合本国国情,③错误。材料表明全过程人民民主丰富发展了我国民主理论,④正确。故B项正确,ACD项错误。

5.A【解析】根据教材可知,“中国梦归根到底是人民的梦”根本原因在于我国是人民民主专政的社会主义国家,人民是国家的主人,故A项正确,BCD项错误。

6.B【解析】根据材料可知,我国建成了世界上规模最大的教育体系、社会保障体系、医疗卫生体系,以及我国在基本养老保险方面的成就,都说明我国国家政权的人民性质,我国社会主义民主是最广泛、最真实、最管用的民主,①④正确。材料强调的是为了人民,未体现人民当家作主的主人翁意识不断增强,②错误。老年人的权利是法定的,不能任意扩大,③错误。故B项正确,ACD项错误。

7.A【解析】根据材料可知,世界上只有一个中国,台湾是中国领土不可分割的一部分,说明台湾是中国的一部分,是中国的一个地方行政区域,①正确。在涉及中国主权和领土完整等核心利益问题上,中方没有任何妥协退让余地,说明国家主权是一个国家对其管辖区域所拥有的至高无上的、排他性的政治权力,②正确。材料未涉及历史、文化等因素,③错误。在我国地方必须服从中央,国家安全的核心是国家主权,而不是国家政权,④错误。故A项正确,BCD项错误。

8.C【解析】根据教材可知,特别行政区的自治权不是固有的,是宪法和法律赋予的,①错误。实行“一国两制”,促进了香港、澳门的繁荣稳定,同时也促进了国家大局发展,说明“一国两制”符合我国国情,该制度符合国家的根本利益,②④正确。国家结构形式是多种多样的,要与国情相适应,不能说单一制比联邦制更优越,③错误。故C项正确,ABD项错误。

9.C【解析】材料强调中国海军紧急撤离在苏丹的中国公民,并没有强调我国是民主与专政的统一,①错误。中国海军急调军舰奔赴苏丹,执行撤侨任务。中国驻苏丹大使馆保证,不放弃任何一个同胞。这表明强大祖国永远是广大海外侨胞的最坚强的后盾,国家行使管辖权,切实维护海外侨胞合法权益,②④正确。我国以人民安全为宗旨,始终把人民安全放在最高位置;以政治安全为根本,坚持党的领导和中国特色社会主义制度不动摇,③错误。故 C 项正确,ABD 项错误。

10.B【解析】根据教材可知,基层群众自治制度是我国的基本政治制度,扩大基层民主是社会主义民主广泛而深刻的实践,①错误。人民代表大会制度是我国的根本政治制度,它有力地保证了人民行使国家权力,②正确。健全人民当家作主制度体系为全过程人民民主提供了完整的制度保障,③正确。由于受国体、地理、历史、文化等因素的影响,世界各国政体是不相同的,④错误。故 B 项正确,ACD 项错误。

三、简答题

1.人民代表大会制度的基本内容包括:国家的一切权力属于人民;人民通过民主选举选出代表,组成各级人民代表大会作为国家权力机关;由国家权力机关产生其他国家机关,依法行使各自的职权;实行民主集中制的组织和活动原则。

2.(1)党的领导是中国特色社会主义制度的最大优势,能够集中力量办大事,确保国家始终沿着正确方向前进。(2)人民当家作主是中国特色社会主义制度的本质特征,能够充分调动人民群众的积极性、主动性、创造性。(3)全面依法治国是中国特色社会主义制度的重要保障,能够为国家治理提供法治保障。(4)集中力量办大事是中国特色社会主义制度的显著优势,能够在重大任务和挑战面前迅速动员和组织力量。(5)坚持全国一盘棋,能够在全国范围内实现资源的优化配置和高效利用。

3.民族区域自治制度的优越性主要有:有利于维护国家统一和安全;有利于保障少数民族人民当家作主的权利得以实现;有利于发展平等、团结、互助、和谐的社会主义民族关系;有利于促进社会主义现代化建设事业蓬勃发展。

四、论述题

发展社会主义民主政治,要做到以下几点。(1)坚持中国特色社会主义政治发展道路,坚持党的领导、人民当家作主、依法治国有机统一。党的领导是人民当家作主和依法治国的根本保证,人民当家作主是社会主义民主政治的本质和核心,依法治国是党领导人民治理国家的基本方略。(2)坚持和完善人民代表大会制度、中国共产党领导的多党合作和政治协商制度、民族区域自治制度以及基层群众自治制度。不断推进社会主义政治制度自我完善和发展,保障人民依法通过各种途径和形式管理国家事务,管理经济文化事业,管理社会事务。(3)扩大公民有序政治参与,保障人民的知情权、参与权、表达权、监督权。通过多种形式和渠道,让人民群众广泛参与国家治理和社会事务,充分表达自己的意愿和诉求。(4)加强社会主义法治建设,坚持依法治国、依法执政、依法行政共同推进,坚持法治国家、法治政府、法治社会一体建设,实现科学立法、严格执法、公正司法、全民守法,为发展社会主义民主政治提供有力的法治保障。

五、材料分析题

1.(1)全过程人民民主是社会主义民主政治的本质属性,实现了过程民主和成果民主、程序民主和实质民主、直接民主和间接民主、人民民主和国家意志相统一,是全链条、全方位、全覆盖的民主,是最广泛、最真实、最管用的民主。(2)全过程人民民主具有完整的制度程序和参与实践。在我国,国家各项制度都是围绕人民当家作主构建的,国家治理体系都是围绕实现人民当家作主运转的。(3)协商民主是实践全过程人民民主的重要形式。有事好商量,众人的事情由众人商量,找到全社会意愿和要求的最大公约数,是人民民主的真谛。(4)全过程人民民主,是中国共产党团结带领人民追求民主、发展民主、实现民主的伟大创造,是党不断推进中国民主理论创新、制度创新、实践创新的经验结晶,是坚持党的本质属性、践行党的根本宗旨的必然要求。

2.我国公民参与政治生活的途径和方式:民主决策、民主监督、民主选举和民主管理。(1)民主决策方式:社情民意反映制度、专家学者咨询制度、重大事项公示制度、听证会。(2)民主监督方式:信访举报制度、人大代表联系群众制度、舆论监督制度、监督听证会、民主评议会等。(3)民主选举方式:直接选举、间接选举、等额选举和差额选举。实例:某县物价中心召开自来水公司水价调整听证会,就水价调整方案广泛征求社会各方面的意见和建议。此次听证会主要听取了成本监审结论和《关于调整我县自来水公司供水价格的方案》。县人大、政协等单位代表及消费者代表、经营者代表、专家学者代表20余人参加了听证会,并对《关于调整我县自来水公司供水价格的方案》提出了意见和建议。(4)民主管理方式:村民共同制定和遵守村规民约,对村庄的日常事务进行自我管理,如环境卫生、治安维护、公共设施管理等。

第四单元　中国特色社会主义文化建设

第10课　文化自信与文明交流互鉴

素养提升

在新的历史起点上继续推动文化繁荣、建设文化强国、建设中华民族现代文明,是我们在新时代新的文化使命。我们要承担起推动文化繁荣、建设社会主义文化强国的使命与担当,以习近平文化思想为引领,以推动中华优秀传统文化创造性转化和创新性发展。(1)要弘扬社会主义核心价值观,强化文化认同。要发挥身边榜样和道德模范的引导作用,让践行社会主义核心价值观在全社会蔚然成风,强化文化认同。(2)要发挥主动性和创造力,自觉激活创新文化的实践密码,在知、情、行的统一中实现社会价值和文化价值的有机融合,把中华文明中具有当代价值、世界意义的精神标识和文化精髓提炼和展示出来,赋予中华优秀传统文化年轻化、多样化的表达,在实践中为推动中华优秀传统文化创造性转化、创新性发展注入青春动能和活力。

习题演练

一、填空题

1.中华优秀传统文化

2.中华传统美德;中华人文精神

3.中国特色社会主义文化

4.社会主义先进文化

5.兼收并蓄

6.顺时应势;推陈出新

7.创造性转化;创新性发展

二、选择题

1.D【解析】根据教材可知,文化交流是文化交融的前提和基础,故D项正确,ABC项错误。

2.B【解析】根据材料可知,文创粽子以三星堆青铜面具为主创元素,外包装采用青铜绿为主色调,馅料突破了传统,体现了物质决定作用和意识能动作用的统一,反映了人们对三星堆古蜀文化的热爱,①④正确。通过文创粽子不可能让消费者真实全面地感受到古蜀文明的魅力,②错误。三星堆文创粽子的打造源于实践,不是源于人们的想象力和创造力,③错误。故 B 项正确,ACD 项错误。

3.A【解析】根据材料可知,苏州以"激活"作为保护传承工作的关键词,通过城市更新项目让历史文化与现代生活融为一体,体现出老宅具有历久弥新的文化特质和价值禀赋,①正确。材料强调文化的传承与创新,没有涉及文化交流与交融,②错误。很多在古城内被修缮后的古建老宅通过活化利用得以焕发新生,说明对古建老宅的"激活"有利于发挥中华优秀传统文化的积极作用,③正确。中华优秀传统文化是中华民族共同的精神标识,④错误。故 A 项正确,BCD 项错误。

4.D【解析】根据教材可知,要认同本民族的文化,尊重其他民族的文化,增进彼此文化的认同说法错误,①错误。文化具有多样性,要在坚持各民族平等的基础上,尊重差异,理解个性,而不是彰显文化优越性,②错误。两国文明交流互鉴有利于尊重差异,理解个性,促进世界文化繁荣,求同存异,兼收并蓄,维护文化的多样性,③④正确。故 D 项正确,ABC 项错误。

5.D【解析】根据材料可知,中华文化呈现着各民族文化的丰富色彩,中华各民族文化,既有中华文化的共性,也有各自的民族特性。在长期的历史发展中,各民族文化相互交融、相互促进。各族人民对共同拥有的中华文化具有强烈的认同感,这主要显示了中华民族厚重的文化底蕴和强大的民族凝聚力。故 D 项正确,ABC 项错误。

6.B【解析】根据教材可知,我国开辟了既符合中国国情又适合时代发展要求的中国特色社会主义道路,这是在中国共产党领导下取得了巨大成功的唯一正确的道路,坚持中国特色社会主义制度,能确保中华民族实现伟大复兴的制度和治理体系,①④正确。从新的实践和时代特征出发坚持理论探索和创新,②错误。全面继承和弘扬中华民族传统文化的说法太绝对,要取其精华,去其糟粕,③错误。故 B 项正确,ACD 项错误。

7.C【解析】材料强调的是文明互鉴,促进共同发展,未体现中华优秀传统文化和世界文化的关系,①错误。"溯历史的源头才能理解现实的世界,循文化的根基才能辨识当今的中国",说明中华优秀传统文化能为认知当代中国发展中的问题提供借鉴,②正确。"有文明的互鉴才能实现共同的进步",说明要吸收借鉴外来优秀文化,③正确。材料既强调中华优秀传统文化的重要性,又强调要吸收借鉴外来优秀文化成果,未体现要坚守中华文化立场,④错误。故 C 项正确,ABD 项错误。

8.A【解析】根据教材可知,我们党取得的重大成就得益于马克思主义中国化时代化,这说明马克思主义只有与本国具体国情相结合才能发挥积极作用,马克思主义中国化时代化推动了中国革命、建设和改革的发展,①②正确。我们应该借鉴和吸收外来文化的积极成分和有益成果,③错误。实践具有直接现实性,马克思主义科学理论最终要通过中国人民的实践才能解决问题,④错误。故 A 项正确,BCD 项错误。

9.A【解析】根据材料可知,在海外推出"欢乐春节"系列活动可以增强海外华侨华人对中华文化的认同感,①正确。在海外推出"欢乐春节"系列活动与提高海外华侨华人抵御落后文化的能力无关,②错误。在海外推出"欢乐春节"系列活动可以促进中华文化与其他民族文化交流融合,③正确。社会实践是文化创新创造的源泉,④错误。故 A 项正确,BCD 项错误。

10.C【解析】材料强调习近平文化思想与中华优秀传统文化的关系,体现了习近平文化思想赋予中华优秀传统文化新的时代内涵,故 C 项正确。材料与中华文化的凝聚力和连续性无关,A 项排除。材料与中华优秀传统文化的包容性无关,B 项排除。材料与文化交流交融无关,D 项排除。

三、简答题

1.文化自信是一个国家、一个民族发展中更基本、更深沉、更持久的力量。坚定文化自信,有利于传承和弘扬中华优秀传统文化,为治国理政、道德建设、经济发展等提供有益启示和精神动力;有利于坚持社会主义先进文化前进方向,激发全民族文化创新创造活力,建设社会主义文化强国;有利于增强民族自尊心、自信心和自豪感,提升国家文化软实力和国际影响力。

2.文明交流互鉴是指不同国家、不同民族之间的文化相互交流、相互学习、相互借鉴。文明因交流而多彩,文明因互鉴而丰富。文明交流互鉴有利于促进世界文化的繁荣发展,增进各国人民之间的相互理解和友谊,推动人类文明进步。

3.(1)坚定文化自信,要推动中华优秀传统文化创造性转化、创新性发展,传承和弘扬革命文化和社会主义先进文化。(2)在文明交流互鉴中,要以我为主、为我所用,积极学习和借鉴其他文化的优秀成果,展示中华文化的独特魅力,提升中华文化的国际影响力。(3)要正确认识不同文化的差异,尊重文化的多样性,促进不同文明之间的平等对话和交流合作。

四、论述题

(1)坚定文化自信,首先要深入挖掘中华优秀传统文化的价值。中华优秀传统文化是中华民族的精神命脉,蕴含着丰富的哲学思想、人文精神、道德规范等。我们要通过教育、文艺创作、文化活动等多种形式,传承和弘扬中华优秀传统文化,让其在新时代焕发出新的活力。例如,学校可以加强传统文化教育,开设国学课程、举办传统文化活动;文艺工作者可以创作更多具有传统文化内涵的优秀作品。(2)要弘扬革命文化和社会主义先进文化。革命文化是中国共产党领导人民在革命、建设、改革中创造的精神财富,社会主义先进文化是当代中国的文化主流。我们要通过宣传、教育等方式,让革命文化和社会主义先进文化深入人心,激发人们的爱国热情和奋斗精神。例如,组织参观革命纪念馆、开展红色文化主题活动等。(3)促进文明交流互鉴,要秉持开放包容的态度。世界各国的文化各具特色,都有其独特的价值。我们要尊重不同国家、不同民族的文化差异,积极开展文化交流活动,学习和借鉴其他文化的优秀成果。例如,举办国际文化节、开展文化交流活动等。(4)要积极推动中华文化“走出去”。中华文化源远流长、博大精深,具有独特的魅力。我们要通过文化贸易、文化交流等方式,向世界展示中华文化的风采,提升中华文化的国际影响力。例如,推动中国电影、音乐、文学等文化产品走向世界,举办中华文化展览等。总之,在新时代,我们要坚定文化自信,积极促进文明交流互鉴,为实现中华民族伟大复兴的中国梦提供强大的精神动力和文化支撑。

五、材料分析题

1.“一花独放不是春,百花齐放春满园。”在坚定本民族文化自信的基础上,尊重差异,理解个性,既要认同本民族文化,又要尊重其他民族文化。以积极的态度对待各种外来文化,在同外来文化的交流中丰富发展我国文化。具体做法如下。(1)平等相待,尊重包容。秉持平等和尊重,摒弃傲慢和偏见,加深对自身文明和其他文明差异性的认知,推动不同文明交流对话、和谐共生。(2)兼收并蓄,辩证取舍。坚持从本国本民族实际出发,做到取长补短、择善而从,不拒众流,方为江海。(3)与时俱进,创新发展。坚守中华文化立场,坚持以我为主,为我所用,吸收外来有益文化,推动中国文化发展。

2.(1)杭州亚运会搭建了亚洲各国文化交流的平台,有助于让亚洲各国人民更深入地了解彼此的文化和传统,增进互信。(2)杭州亚运会的举办有利于推动中华文化走向世界,提升中华文化的国际影响力。(3)促进文明交流互鉴,推动亚洲文明共同进步,实现亚洲各国文化共同发展、共同繁荣。

第11课　以社会主义核心价值观引领文化建设

素养提升

新时代中国青年要坚定继承和发扬革命传统,大力弘扬以爱国主义为核心的民族精神,坚持爱国、爱党和爱社会主义高度统一，筑牢跟党走中国特色社会主义道路的理想信念，刻苦学习，担当奉献，砥砺前行，练就过硬本领、锤炼高尚品德，自觉将个人价值与党和国家、人民的期望结合起来，肩负起建设社会主义现代化强国的时代责任，为党分忧、为国奉献、为民造福，用真情投入和拼搏奉献彰显爱国主义情怀，书写出无愧于党、无愧于人民、无愧于时代的青春篇章。

习题演练

一、填空题

1.富强；民主；爱国

2.国家层面；社会层面；公民层面

3.社会主义核心价值观

4.爱国主义为核心；改革创新为核心

5.爱社会主义

6.青年

7.习近平新时代中国特色社会主义思想

8.社会效益

二、选择题

1.A【解析】根据教材可知，以良好家风推动党风政风建设，引领社风民风持续向善，是基于良好家风是涵养社会主义核心价值观的重要养分，能不断地感染人和塑造人并引人向善，①②正确。全社会共同认可的核心价值观是一个民族和国家最持久、最深层的精神力量，而不是良好家风，③错误。良好家风为社会主义现代化建设提供精神动力，而不是智力支持，④错误。故 A 项正确，BCD 项错误。

2.A【解析】根据教材可知，意识形态决定文化前进方向和发展道路，对一个政党、一个国家、一个民族的生存和发展至关重要。坚持社会主义核心价值体系，党必须牢牢掌握意识形态工作的领导权，一刻也不能放松和削弱意识形态工作，培育和践行社会主义核心价值观，①②正确。面对改革发展稳定复杂局面和社会思想意识多元多样，要坚持正确舆论导向，坚持以马克思主义为指导，坚持社会主义文化在人民大众的文化生活中始终占据着主导地位，而不是坚持社会思想意识多元多样，③错误。流行文化有先进健康有益的，也有腐朽落后的，不应全部抵制，④错误。故 A 项正确，BCD 项错误。

3.C【解析】根据教材可知，社会主义先进文化建设，离不开弘扬中华优秀传统文化，中华优秀传统文化的转化与发展是社会主义先进文化建设的内容，①③正确。革命文化传承着中华民族的优良传统，融合了马克思主义经典理论，对中华优秀传统文化进行了再生再造和凝聚升华，并在革命实践中得到熔铸，②错误。中华优秀传统文化已传承几千年，显然不是党领导人民在革命、建设、改革中创造出来的，④错误。故 C 项正确，ABD 项错误。

4.D【解析】根据教材可知，青年要自觉践行社会主义核心价值观，其意义在于能增强全民族的文化自觉和文化自信，为提高文化软实力凝魂聚气、强基固本，③④正确。文化具有多样性，我们要尊重文化多样性，自觉践行社会主义核心价值观有利于引领社会思潮，但不能消除文化间的差异，①错误。自觉践行社会主义核心价值观与满足人民日益增长的多样性物质需求无关，②错误。故 D 项正确，ABC 项错误。

5.C【解析】根据教材可知，社会主义核心价值观中公民层面的价值准则是爱国、敬业、诚信、友善，故 C 项正确，ABD 项错误。

6.D【解析】材料主要涉及科学家的爱国精神，最恰当的标题是“弘扬科学精神，厚植爱国主义”，故 D 项正确,ABC 项错误。

7.A【解析】根据材料可知,对英雄烈士加强立法保护是基于价值观承载着一个民族和国家的精神追求,体现着一个社会评判是非曲直的标准,树立正确价值观能够为人们提供精神指引,有利于提升全民族文明素养,①③正确。②夸大了对英雄烈士加强立法保护的作用,②错误。设问指向的是对英雄烈士加强立法保护的原因,而不是强调不同民族、不同国家产生和形成的核心价值观各有其特点,④错误。故 A 项正确,BCD 项错误。

8.A【解析】根据材料可知,以法治的形式推进和保障新时代爱国主义教育,是因为爱国主义是中华民族精神的核心,是各族人民风雨同舟、自强不息的精神支柱,有利于振奋民族精神,凝聚人民力量,①②正确。中华民族精神集中体现了中华民族的整体风貌和精神特征,③错误。爱国主义为实现中华民族伟大复兴的中国梦提供精神动力,而非智力支持,④错误。故 A 项正确,BCD 项错误。

9.D【解析】"非淡泊无以明志,非宁静无以致远"的意思是不把眼前的名利看得轻淡就不会有明确的志向,不能平静地学习就不能实现远大的目标,这与材料中的榜样精神不一致,①错误。"苟利国家生死以,岂因祸福避趋之"的意思是只要对国家民族有利即使牺牲性命亦心甘情愿,绝不会因为自己可能受到灾祸而躲避,这强调了爱国精神,与材料中的榜样精神一致,②正确。"纸上得来终觉浅,绝知此事要躬行"的意思是要真正理解书中的深刻道理,必须亲身去躬行实践,这与材料中的榜样精神不一致,③错误。"古人学问无遗力,少壮工夫老始成"的意思是古人做学问是不遗余力的,终身为之奋斗,往往是年轻时开始努力,到了老年才取得成功,这强调了不断奋斗的精神,与材料中的榜样精神一致,④正确。故 D 项正确,ABC 项错误。

10.D【解析】根据材料可知,联系具有客观性,不以人的意志为转移,人们可以根据固有的联系建立新的具体的联系,"建立了古今文物间的固有联系"说法错误,①错误。以史为鉴,开创未来,经过既肯定又否定、既克服又保留的过程,有利于推动中华文化发展,②错误。展览采用了大量的高科技技术,首次引入增强现实、虚拟现实和多媒体技术等手段,用现代表达方式激活文物生命力,有利于促进中华文化的传承与保护,赓续中华文化血脉,③正确。展览立足中国大地,展出我国本土珍贵文物,讲述了"华夏大地何以中国、中华民族何以伟大、中华文明何以不朽",有利于厚植民族复兴的文化根基,增强文化自信,④正确。故 D 项正确,ABC 项错误。

三、简答题

1.社会主义核心价值观分为国家、社会、公民三个层面。国家层面的价值要求是富强、民主、文明、和谐;社会层面的价值要求是自由、平等、公正、法治;公民层面的价值要求是爱国、敬业、诚信、友善。

2.以社会主义核心价值观引领文化建设,是因为社会主义核心价值观是当代中国精神的集中体现,为文化建设提供正确的价值导向;能够增强国家文化软实力,在国际竞争中占据有利地位;促进社会和谐稳定,为经济社会发展创造良好环境;传承和弘扬中华优秀传统文化,推动中华文化创新发展。

3.要从现在做起,从自己做起,遵循和践行社会主义核心价值观:(1)要勤学,下得苦功夫,求得真学问。(2)要修德,加强道德修养,注重道德实践。(3)要明辨,善于明辨是非,善于决断选择。(4)要笃实,扎扎实实干事,踏踏实实做人。

四、论述题

(1)社会主义核心价值观为文化建设提供正确的价值导向。文化建设需要有明确的方向和目标,社会主义核心价值观作为当代中国精神的集中体现,明确了国家、社会和公民的价值追求,为文化建设提供了根本遵循。它能够引导文化建设朝着积极、健康、向上的方向发展,确保文化产品和服务符合人民群众的利益和需求。(2)社会主义核心价值观有助于增强国家文化软实力。文化软实力是一个国家综合国力的重要组成部分,社会主义核心价值观所倡导的价值观念具有广泛的吸引力和影响力。通过弘扬社会主义核心价值观,可以提升国家的文化形象,增强国家的文化认同感和凝聚力,吸引更多的人关注和了解中国文化,从而增强国家的文化软实力。(3)社会主义核心价值观促进社会和谐稳定。一个社会的和谐稳定离不开共同的价值观念和道德规范,社会主义核心价值观在社会层面倡导自由、平等、公正、法治,为人们提供了行为准则和价值标准。它能够促进社会公平正义,调节社会关系,化解社会矛盾,营造和谐稳定的社会环境。(4)社会主义核心价值观传承和弘扬中华优秀传统文化。社会主义核心价值观与中华优秀传统文化一脉相承,它汲取了中华优秀传统文化的精华,如仁爱、诚信、正义等。通过培育和践行社会主义核心价值观,可以更好地传承和弘扬中华优秀传统文化,推动中华文化创新发展,为文化建设注入强大的精神动力。综上所述,社会主义核心价值观在文化建设中具有不可替代的重要作用。我们要以社会主义核心价值观为引领,加强文化建设,推动社会主义文化繁荣兴盛。

五、材料分析题

1.(1)继承传统,推陈出新,发掘中华优秀传统文化的精神内涵,赋予其时代精神,实现中华优秀传统文化的创造性转化和创新性发展。(2)科技进步是促进文化发展的重要因素,运用 VR 和 AR 等现代化信息技术,呈现出奇观化的场景,增强节目的吸引力和感染力。(3)立足时代之基,坚持以人民为中心,关注人民群众的文化需求,创新传播方式,以人民群众尤其是年轻人喜闻乐见的方式去传递。(4)借助鲜明的文化符号,强化对中华民族精神的认同,弘扬主流价值观。

2.(1)弘扬红旗渠精神中的民族精神和爱国情怀,体现社会主义核心价值观在国家层面的价值目标和教育引导作用,将其转化为青少年的情感认同和行为习惯。(2)汲取红旗渠精神中以人民为中心的发展思想,体现社会主义核心价值观在社会层面的价值目标和实践引领,让青少年将社会主义核心价值观内化于心、外化于行。(3)以红旗渠精神为鲜活教材,深入开展社会主义核心价值观宣传教育,把培育和践行社会主义核心价值观作为凝魂聚气、强基固本的基础工程,加强青少年思想道德建设。

第五单元　中国特色社会主义社会建设

第 12 课　增进民生福祉

素养提升

乡村振兴赋予青年新的历史使命,广大青年应不负韶华、不负时代、不负人民,肩负起乡村振兴的时代重任。(1)夯实学识、淬炼本领。知识是青年夯实学识、淬炼本领的基石。青年只有将学习科学文化知识、不断练就过硬本领作为人生一大追求,通过不断潜心学习,刻苦钻研,掌握事物发展规律,丰富学识,增长见识,练就真本领,才能为实现乡村振兴战略贡献一份青春力量。(2)铁肩担责、躬身践行。新时代青年应当自觉肩负起乡村振兴这一历史使命,躬身践行,自觉深入基层、深入群众,勇于到乡村一线、基层前沿历经风雨、摔打磨炼,将乡村振兴作为增长见识、了解国情的“大课堂”,将乡村振兴作为施展才华、实现抱负的“大舞台”,在实现乡村振兴的实践中踔厉奋发、勇毅前进。(3)坚守初心、牢记使命。新时代青年应始终坚持人民至上,践行全心全意为人民服务的初心使命,深刻认识到人民群众在党和国家事业中的最高位置,在乡村振兴实践中聚焦村民最急难愁盼的问题,真正做到服务村民、振兴乡村。

习题演练

一、填空题

1.教育

2.以人民为中心;素质教育

3.就业

4.就业优先战略

5.收入分配结构;初次分配

6.社会保险;社会救助

7.人民健康

8.健康中国建设

二、选择题

1.A【解析】根据材料可知,实施“健康中国”战略是实现全面建设社会主义现代化国家的需要,体现了坚持以人民为中心的发展思想,①②正确。我们更加注重经济发展的质量和效益,“推动经济高速增长”转向高质量增长,③错误。实施“健康中国”战略,彰显了人民至上的价值取向,体现了共享的理念,④错误。故A项正确,BCD项错误。

2.D【解析】根据材料可知,全国参与基本养老、失业和工伤保险的人数分别达到了10.7亿、2.4亿和2.9亿,社会保险基金运行总体稳定。这表明我国兜牢兜实民生底线、防范和化解社会成员的生存危机,发展成果惠及全体人民,增强人民群众安全感、获得感,③④正确。材料没有涉及社会保障与经济发展的关系,①错误。社会保障属于再分配环节,不是第三次分配,②错误。故D项正确,ABC项错误。

3.B【解析】根据教材可知,提高最低工资标准,其目的就是增加低收入者的收入,促进社会公平正义,故B项正确。提高最低工资标准,可以促进收入分配公平,而不是促进机会公平,A项排除。提高最低工资标准属于收入分配制度,不属于社会保障制度,C项排除。工资收入属于劳动性收入,属于初次分配,不属于再分配,D项排除。

4.B【解析】根据教材可知,社会保障通过防范和化解社会成员的生存危机,保障他们的基本生活权利,能够有效维护社会生活秩序的稳定,发挥民生保障安全网作用,社会保障通过风险分摊与责任共担,充分发挥社会互助共济功能,①正确。“化解人民各种生活风险”的说法过于绝对,②错误。社会保障通过社会成员的自助与他助,推动社会持续健康发展,并不能直接实现共同富裕,③错误。社会保障通过国民收入再分配,能够调节不同社会群体之间的利益关系,化解社会矛盾和冲突,促进社会公平正义,④正确。故B项正确,ACD项错误。

5.A【解析】根据材料可知,各地通过多种方式优化社会保障服务,有利于更好地满足人民群众的多样化需求,兜牢民生底线,增进民生福祉,①②正确。材料强调的是优化社会保障服务,而不是提升更高层次的社会保障水平,③错误。社会保险是我国社会保障体系的核心,④错误。故A项正确,BCD项错误。

6.B【解析】根据材料可知,效率是公平的物质前提,浙江省通过实施一系列惠企政策不断提高企业效率,扩大社会财富总量,为实现共同富裕提供了物质前提。同时兼顾效率与公平,加快扶持欠发达地区、实现农民增收,促进共同富裕,①正确。农村土地归集体所有,推进土地经营权流转,而不是土地所有权,②错误。转移支付属于再分配,③错误。推动高质量发展,全面建设社会主义现代化国家,必须着眼人民美好生活需要,切实把高质量发展成果转化为高品质生活,不断实现好、维护好、发展好最广大人民的根本利益,④正确。故B项正确,ACD项错误。

7.B【解析】根据教材可知,作为精巧的“社会减震器”,社会保障防范和化解社会成员的生存危机,保障其基本生活,通过风险分摊和责任共担,充分发挥社会互助共济功能,结合自助和他助,维持社会运行,①④正确。社会保障是由政府和社会承担主要责任的,并不是基于政府财政支持,②错误。社会保障是通过国民收入再分配来进行社会群体利益调节的,并非初次分配,③错误。故B项正确,ACD项错误。

8.A【解析】根据材料可知,Z公司在职业教育领域中的产教融合和职前培训做法有利于提升人力资源开发利用水平,推动人力资源与经济社会协调发展,①②正确。材料未涉及创造就业岗位,③错误。规范人力资源市场的主体是政府,不是企业,④错误。故A项正确,BCD项错误。

9.D【解析】根据材料可知,社会救助是保障社会成员生活安全和生存权利的“最后一道防线”,而材料体现的是社会保险,①错误。社会保险经办机构采用授权代办、上门服务等方式,为老年人、残疾人等特殊群体提供便利。这有利于彰显人民至上的价值理念,增强群众的安全感,②正确。发挥第三次分配作用,要发展慈善等社会公益事业,而社会保险属于发挥再分配的作用,③错误。社会保险经办机构应当加强无障碍环境建设,提供无障碍信息交流,完善无障碍服务设施设备,这有利于化解社会矛盾和冲突,促进社会公平正义,④正确。故D项正确,ABC项错误。

10.D【解析】根据材料可知,上调最低工资标准属于初次分配,不属于加强社会福利保障,①错误。上调最低工资标准不一定能扩大低收入劳动者就业机会,假若其他条件不变,提高工资一般会减少就业机会,②错误。材料表明上调最低工资标准能增加劳动者收入,提高劳动报酬在初次分配中的比重,改善低收入工薪劳动者的基本生活,促进社会公平正义,③④正确。故D项正确,ABC项错误。

三、简答题

1.增进民生福祉的重要意义:增进民生福祉是发展的根本目的,民生连着民心,民心关系国运,增进民生福祉,能够提高人民的生活水平,让人民有更多的获得感、幸福感和安全感;能够促进社会公平正义,维护社会和谐稳定;能够激发人民的积极性、主动性和创造性,为经济社会发展提供强大动力。

2.国家在促进就业方面采取的措施:实施积极的就业政策,加强职业技能培训,鼓励创业带动就业,提供公共就业服务,加大对重点群体的就业帮扶力度等。

3.推进健康中国建设的措施:完善医疗卫生服务体系,提高医疗卫生服务质量,加强公共卫生体系建设,普及健康生活方式,加强全民健身运动,深化医药卫生体制改革等。

四、论述题

增进民生福祉是发展的根本目的,这一论断深刻揭示了发展与民生的内在联系。发展为了人民,发展的成果要由人民共享。只有不断增进民生福祉,才能真正实现发展的价值和意义。(1)从国家层面来看,增进民生福祉是中国特色社会主义的本质要求。中国共产党始终把人民对美好生活的向往作为奋斗目标,致力于解决人民群众最关心、最直接、最现实的利益问题。在经济发展的基础上,不断加大对民生领域的投入,提高教育、医疗、就业、社会保障等公共服务水平,让人民群众有更多的获得感、幸福感和安全感。(2)从个人层面来看,增进民生福祉关系到每个人的切身利益。就业是民生之本,稳定的就业能够带来收入,保障生活。良好的教育能够提升个人素质,为个人的发展提供更多机会。健全的社会保障体系能够在人们遇到困难时提供帮助,减轻负担。优质的医疗服务能够保障人们的身体健康,提高生活质量。(3)在实际生活中,我们可以看到,国家通过一系列政策措施不断增进民生福祉。例如,加大扶贫力度,让贫困人口摆脱贫困,过上好日子;推进教育公平,让每个孩子都能享受到优质的教育资源;加强医疗卫生体系建设,提高医疗保障水平,让人们看得起病、看得好病。这些举措都充分体现了增进民生福祉是发展的根本目的。总之,增进民生福祉是发展的根本目的,我们要始终坚持以人民为中心的发展思想,把增进民生福祉作为一切工作的出发点和落脚点,不断推动经济社会发展,让人民群众共享发展成果。

五、材料分析题

1.(1)实施积极的就业政策助企稳岗,加强失业人员和困难人员就业帮扶,落实以人民为中心的发展理念。(2)实施积极的财政政策,对促进就业的企业行为和相关项目进行补助补贴,激励企业积极吸纳就业。(3)健全劳动力市场,加强职业技能培训,完善就业公共服务,提升就业社会化服务水平。

2.(1)社会保障主要由社会保险、社会救助、社会福利、社会优抚组成,还包括其他社会保障形式,它们共同构成了我国的社会保障体系。除社会保险、社会救助、社会福利、社会优抚等基本保障外,我国还有大量补充性的社会保障形式,如慈善活动、社区服务等。

(2)①完善基本养老保险全国统筹制度,发展多层次、多支柱养老保险体系。②扩大社会保险覆盖面,健全基本养老、基本医疗保险筹资和待遇调整机制,推动基本医疗保险、失业保险、工伤保险省级统筹。③完善残疾人社会保障制度和关爱服务体系,促进残疾人事业全面发展。④健全退役军人体系和保障制度,保障退役军人的合法权益,帮助他们顺利融入社会。

第 13 课　社会治理与总体国家安全观

素养提升

(1)学好用好反间谍法法律武器。《中华人民共和国反间谍法》规定了间谍行为、国家安全机关的法定职权、公民和组织的义务和权利、法律责任等重要内容,是国家安全机关、有关部门、社会各界共同开展反间谍斗争的法律遵循。要深入学习反间谍法,提高法律素养,明白间谍给国家安全带来的严重危害,以及从事间谍行为带来的法律后果。(2)增强反间谍安全防范意识。“明者防祸于未萌,智者图患于将来。”要增强安全防范意识,时刻保持警惕,不为境外的间谍组织等敌对势力从事危害国家安全的活动提供可乘之机。

习题演练

一、填空题

1.社会治理现代化

2.最广大人民根本利益

3.社会矛盾综合治理机制

4.国家安全

5.总体国家安全观

6.听党指挥;作风优良

7.国家利益;人民安全;经济安全

二、选择题

1.A【解析】根据教材可知,坚持总体国家安全观要以人民安全为宗旨,以政治安全为根本,以经济安全为基础,以军事科技文化社会安全为保障,以促进国际安全为依托,走出一条中国特色国家安全道路。故 A 项正确,BCD 项错误。

2.A【解析】根据教材可知,国家利益就是满足或能够满足国家以生存发展为基础的各方面需要并且对国家在整体上具有好处的事物。国家利益包括国家领土和主权的完整,政治经济制度的巩固,能源资源的开发利用,海内外国家资产的安全等,①②③④均正确。故 A 项正确,BCD 项错误。

3.C【解析】根据教材可知,国家安全是国家生存和发展的重要保障,国家安全是人民幸福安康的前提。国家不断加强国家安全新闻宣传和舆论引导,通过多种形式开展国家安全教育宣传活动,将国家安全教育纳入国民教育体系,有利于公民树立总体国家安全观,增强公民履行维护国家安全义务意识,②④正确。“消除”说法太绝对,应该是缩小地方发展差异,①错误。公民没有立法权,③错误。故 C 项正确,ABD 项错误。

4.C【解析】根据教材可知,坚持总体国家安全观必须以人民安全为宗旨,以政治安全为根本,以经济安全为基础。故 C 项正确,ABD 项错误。

5.C【解析】根据材料可知,对朱某某的处罚体现了粮食安全是国家安全的重要组成部分,朱某某的个人利益和国家利益是背离的,公民应积极履行维护国家安全的义务,故③④正确。教育是民族振兴、社会进步的基石,①错误。经济安全是坚持总体国家安全观的基础,②错误。故 C 项正确,ABD 项错误。

6.B【解析】根据教材可知,面对国家安全形势的新变化,我们要既重视外部安全,又重视内部安全;既重视传统安全,又重视非传统安全;既重视自身安全,又重视共同安全;既重视国土安全,又重视国民安全。ACD 项说法正确,B 项说法错误。本题为逆向选择题,故选 B 项。

7.A【解析】根据材料可知,国际反华敌对势力对我国开展西方意识形态渗透,国际反华敌对势力歪曲、诬蔑我国发展道路、社会制度,反映的都是我国政治安全面临着的威胁与挑战,①②正确;③反映的是我国的科技和资源安全,与政治安全无关,③错误;④体现的是我国面临的生物安全,与政治安全无关,④错误。故 A 项正确,BCD 项错误。

8.A【解析】根据材料可知,“枫桥经验”在传承中发展、在发展中创新,由基层社会治理的范本上升为党领导人民推进国家治理体系和治理能力现代化的生动实践,反映了要与时俱进学习“枫桥经验”,深刻把握“枫桥经验”的时代内涵,①正确。“枫桥经验”内涵丰富,涵养着社会主义先进文化,而不是涵养着中华优秀传统文化和革命文化,②错误。浙江绍兴诸暨市枫桥镇干部群众创造了依靠群众化解矛盾的“枫桥经验”,“枫桥经验”在传承中发展、在发展中创新,表明“枫桥经验”源自人民群众实践,在历史进程中历久弥新,③正确。“枫桥经验”的基本内涵保持不变,具体内涵随着时代发展而不断丰富和发展,④错误。故 A 项正确,BCD 项错误。

9.D【解析】根据教材可知,发挥基层党组织的战斗堡垒作用,共产党员发挥先锋模范作用,①错误。材料体现了促进党组织向基层延伸,有利于巩固和扩大群众基础,但这些并不是材料做法的目的,②错误。积极探索“党建+人民调解”基层社会治理新模式,形成人民调解新格局,目的在于创新调解工作方法,将党建引领与村民自治相结合,“多方参与、多元化解、多种模式、多重保障”,积极化解矛盾纠纷,提升乡村治理效能,推进社会治理现代化进程,③④正确。故 D 项正确,ABC 项错误。

10.D【解析】根据材料可知,“零距离家园”治理学院邀请相关领域的专家学者、实践者共同参与,组建跨界专业团队师资力量,集聚居民骨干、社会力量等治理主体,能汇聚共建共治共享的多方力量,全方位、多领域赋能基层治理主体,故 D 项正确。“零距离家园”治理学院不是基层治理主体,也不起引领作用,A 项排除。“零距离家园”治理学院动员多方人士参与基层治理,但与推动城市基层治理的制度化和规范化无关,B 项排除。“零距离家园”治理学院构建了联合共建的实践模式,丰富了城市基层治理的实践形式,但没有丰富城市基层治理的内涵,C 项排除。

三、简答题

1.社会治理的重要意义:加强社会治理能够维护社会和谐稳定,保障人民群众的合法权益,提高社会治理水平,促进经济社会发展;同时,社会治理也是国家治理体系和治理能力现代化的重要组成部分。

2.总体国家安全观的内涵：总体国家安全观以人民安全为宗旨，以政治安全为根本，以经济安全为基础，以军事科技文化社会安全为保障，以促进国际安全为依托，维护各领域国家安全，构建国家安全体系，走中国特色国家安全道路。

3.在日常生活中维护国家安全的方法：遵守国家法律法规，保守国家秘密，不向他人泄露国家机密；不传播危害国家安全的信息；发现危害国家安全的行为及时举报；积极参与国家安全教育宣传活动，增强国家安全意识。

四、论述题

社会治理与总体国家安全观密切相关。(1)良好的社会治理是维护总体国家安全的基础。有效的社会治理能够化解社会矛盾，维护社会稳定，减少安全隐患。通过加强社会治安综合治理、完善社会矛盾纠纷多元化解机制等，可以预防和减少违法犯罪行为的发生，为国家的安全稳定创造良好的社会环境。同时，社会治理创新可以运用现代信息技术，提高社会治理的效率和精准度，及时发现和处理安全风险，保障国家和人民的安全。(2)总体国家安全观为社会治理提供了指导和方向。总体国家安全观强调维护国家的政治安全、国土安全、经济安全等各个领域的安全，这要求社会治理不仅要关注社会治安等传统领域，还要重视网络安全、生态安全等非传统领域。在总体国家安全观的指导下，社会治理能够更加全面、系统地考虑安全问题，提高社会治理的针对性和有效性。总之，社会治理和总体国家安全观相互促进、相辅相成。只有加强社会治理，才能更好地维护总体国家安全；同时，只有树立总体国家安全观，才能为社会治理提供正确的方向和保障。

五、材料分析题

1.国家安全是安邦定国的重要基石，是人民安居乐业的保证，维护国家安全是全国各族人民根本利益所在。因此，每个公民都应积极参与维护国家安全的活动，维护国家安全是我们每一个公民的法定义务和职责。在维护国家安全过程中我们既要增强维护国家安全的意识，也要努力学习相关知识，掌握维护国家安全的方法，推动全社会形成维护国家安全的强大合力。

2.(1)发挥党组织在基层治理中的战斗堡垒作用和党员先锋模范作用，以党建引领基层治理机制创新。(2)发挥人民群众在社区治理中的主体作用，构建共治共享的社区治理共同体，增强社区群众的获得感和幸福感。(3)加强社区精神建设和文化引领，积极宣传党的政策和精神，提高社区文明水平，维护社区和谐。(4)创新社区治理形式，完善社区管理体制，形成社区管理的社会合力，实现社区管理体系和能力现代化。

第六单元　中国特色社会主义生态文明建设

第14课　推进绿色发展

素养提升

作为新一代的年轻人，我们除了要坚决响应党和国家的号召，时刻牢记使命，艰苦奋斗，更重要的是要体会绿色发展的核心内涵。习近平总书记提出，要积极弘扬塞罕坝精神，持之以恒推进生态文明建设。我们要懂得“绿水青山就是金山银山”，更要懂得生态文明建设的重要性，我们将从自己做起，随时响应党和国家的号召,努力建设人与自然和谐相处的新格局。

弘扬塞罕坝精神,就要锚定绿色发展目标,在攻坚克难中扎实推进生态文明建设。“十四五”时期,我国生态文明建设进入了以降碳为重点战略方向、推动减污降碳协同增效、促进经济社会发展全面绿色转型、实现生态环境质量改善由量变到质变的关键时期。实现碳达峰、碳中和是一场广泛而深刻的经济社会系统性变革。绿色发展任重道远,艰巨使命呼唤担当。建设天蓝地绿水清的美丽中国,还有很多硬骨头要啃、不少难关要攻克。这就要求我们更加突出问题导向,在深入打好污染防治攻坚战上取得新进展,在全面提高资源利用效率上力求新成效,不断解决突出环境问题,持续改善环境质量,进一步厚植高质量发展的绿色底蕴。

建设生态文明是中华民族永续发展的千年大计,既要着眼长远,又要脚踏实地。大力弘扬塞罕坝精神,牢记绿色发展使命,拿出“咬定青山不放松”的韧劲、“不破楼兰终不还”的拼劲和“踏平坎坷成大道”的闯劲,人人尽责,久久为功,我们就一定能在全面建设社会主义现代化国家的新征程上,迈出高质量发展的坚实步伐,共同绘就美丽中国新画卷。

习题演练

一、填空题

1.生命共同体

2.节约资源;保护环境

3.绿水青山;金山银山

4.良好的生态环境

5.自然财富;社会财富

6.形成绿色生活方式

7.科技创新;节约和高效利用

8.生态文明理念;节约意识

二、选择题

1.D【解析】生态环境保护和经济发展是辩证统一、相辅相成的,而不是环境保护是经济发展的前提,①错误。材料旨在说明加强生态文明建设,未涉及要建立健全生态文明制度体系,②错误。当地政府的举措启示我们要践行绿水青山就是金山银山的理念,厚植发展优势,要坚持以人民为中心的发展思想,推进生态文明建设,③④正确。故 D 项正确,ABC 项错误。

2.B【解析】青岛市生态环境局和社会各界的做法,有利于推进生产方式和生活方式绿色低碳转型、加快推进人与自然和谐共生的现代化,①③正确。青岛市生态环境局和社会各界的做法是加强生态文明建设,不是“精神文明建设”,②错误。青岛市生态环境局和社会各界的做法是加强生态文明建设,并未体现“以经济建设为中心”,④错误。故 B 项正确,ACD 项错误。

3.A【解析】把矿泉水瓶扔进草丛会污染环境,没有践行绿色低碳生活方式,①错误。外出就餐时,小新把未吃完的菜打包带回;去超市购物的时候,小雨自己准备购物袋,都是践行绿色低碳生活方式,②③正确。小音在网购时,购买过度包装的精美产品,没有践行绿色低碳生活方式,应该选择简易包装的产品,④错误。故 A 项正确,BCD 项错误。

4.A【解析】根据分析可知,库布齐的生态建设给我们的启示是人与自然相互依存,共生共荣,故 A 项正确。“一切”的说法太绝对,B 项排除。我们不能走先破坏自然再进行修复的发展道路,C 项排除。人类可以开发利用自然,但不能肆意凌驾于自然之上,必须遵循自然规律,D 项排除。

5.D【解析】材料中,我国积极推进绿色低碳发展,提出“双碳”目标,说明实现碳中和有利于实现人与自然和谐共生。故D项正确,ABC项错误。

6.D【解析】材料中国家对长江流域重点水域实行严格捕捞管理,是因为我国实施可持续发展战略,坚持人与自然和谐共生,故D项正确。自然资源用之不觉、失之难存,应该适度开采利用而不是严禁开采利用,A项排除。应是我国经济发展要与长江流域生态环境保护相适应,B项排除。“三农”问题是我国当前工作的重中之重,C项排除。

7.A【解析】根据分析可知,《中华人民共和国青藏高原生态保护法》的通过,对建设国家生态文明高地具有重要意义。通过专门的法律来规范和保障青藏高原的生态保护工作,有助于加强对这一特殊区域生态环境的保护力度,推动生态文明建设;这部法律能够促进对青藏高原生态系统的保护和修复,保障生态平衡,为人类和其他生物创造良好的生存环境,实现人与自然和谐共生,①②正确。该法的通过是青藏高原生态保护实现法治化的重要步骤,但不能说标志着青藏高原生态保护完全实现法治化,还需要在实践中不断完善和落实相关法律规定,③错误。法律能够为经济发展提供保障和规范,但不能决定经济的高质量发展,经济的高质量发展受到多种因素的影响,如政策、市场、技术等,④错误。故A项正确,BCD项错误。

8.D【解析】实施统一禁渔,主要实施禁止除娱乐性游钓以外的其他所有作业方式,这体现了坚持可持续发展,以人与自然和谐共生为生态建设的目标,发展经济与资源开发、保护环境相协调,③④正确。该做法以生态保护为中心,①错误。该做法可建设资源节约型、环境友好型社会,②错误。故D项正确,ABC项错误。

9.D【解析】麦盖提县坚决打好整治违法建设、违法用地问题和加强耕地保护攻坚战,此举旨在保护耕地,节约资源,落实节约资源和保护环境的基本国策,建设资源节约型、环境友好型社会,②③④正确。我国追求经济的高质量发展,而不是高速度发展,①错误。故D项正确,ABC项错误。

10.A【解析】根据材料可知,习近平总书记的话要求我们遵循自然规律,人与自然和谐共生,故A项正确。改善生态环境就是发展生产力,B项排除。树立绿水青山就是金山银山的理念,C项排除。要合理开发自然资源,D项排除。

三、简答题

1.绿色发展是以效率、和谐、持续为目标的经济增长和社会发展方式。绿色发展强调经济、社会和环境的协调发展,要求在经济发展的同时,注重节约资源、保护环境,实现人与自然和谐共生。

2.推进绿色发展对经济社会发展具有重要作用。首先,有利于实现可持续发展,保护自然资源和生态环境,为子孙后代留下良好的生存和发展空间。其次,有利于建设美丽中国,提升国家形象和竞争力。再次,有利于提高人民生活质量,提供更加清洁、舒适的生活环境。最后,有利于促进经济转型升级,培育新的经济增长点,推动经济高质量发展。

3.作为一名中职学生,可以从以下几个方面为推进绿色发展作出贡献。一是树立绿色发展理念,增强环保意识。二是在日常生活中节约资源,如节约用水、用电、用纸等。三是积极参与环保活动,如垃圾分类、植树造林等。四是倡导绿色消费,购买环保产品。五是努力学习专业知识,为将来从事绿色产业相关工作打下基础。

四、论述题

在全社会推进绿色发展,需要政府、企业、社会组织和个人共同努力。(1)政府方面。①制定完善的政策法规,为绿色发展提供制度保障。加强对保护环境、节约资源等方面的立法,加大对违法违规行为的处罚力度。②加大资金投入,支持绿色产业发展、生态保护和修复等项目。③加强监管执法,严格落实环保标准,对污染环境、破坏生态的行为进行严厉打击。④加强宣传教育引导,提高公众的环保意识和绿色发展理念，营造全社会共同参与绿色发展的良好氛围。(2)企业方面。①转变发展观念，将绿色发展理念融入企业经营管理的各个环节。加大对环保技术的研发投入，提高资源利用效率，减少污染物排放。②积极发展绿色产业，开发绿色产品和服务，满足市场对绿色产品的需求。③加强企业内部管理，建立健全环保管理制度，自觉遵守环保法律法规。(3)社会组织方面。①发挥桥梁纽带作用，积极宣传绿色发展理念，引导公众参与环保行动。②开展环保公益活动，如环保志愿者服务、环保知识讲座等，提高公众的环保意识。③加强对企业和政府的监督，推动企业履行环保责任，促进政府加强环保工作。(4)个人方面。①树立绿色发展理念，增强环保意识，从自身做起，从身边小事做起。②选择绿色生活方式，如绿色出行、绿色消费、垃圾分类等。③积极参与环保活动，为推进绿色发展贡献自己的力量。

五、材料分析题

1.(1)启示如下。①要以资源环境承载能力为基础，以自然规律为准则，以可持续发展、人与自然和谐共生为目标。②要坚持节约资源和保护环境的基本国策。③贯彻创新、协调、绿色、开放、共享的新发展理念，实现中华民族永续发展。

(2)造成问题的原因：环保意识淡薄、法律不健全、缺乏宣传和监管等。解决办法：①加大对垃圾分类的宣传力度，增强人们的环保意识；②建立和完善垃圾分类的相关法律法规；③相关部门加强监管；等等。

2.(1)坚持节约资源和保护环境的基本国策。(2)建设资源节约型、环境友好型社会。(3)走生产发展、生活富裕、生态良好的文明发展之路。(4)制定和完善相关法律法规，加大监管力度和对违法行为的打击力度。(5)加强宣传，增强公民环保意识。(6)要处理好经济发展与生态环境保护的关系。(7)要坚持绿色富国和绿色惠民。(8)要坚持节约优先、保护优先、自然恢复为主的方针，大力倡导节能、环保、低碳、文明的绿色生产生活方式。(9)必须严守生态保护红线、环境质量底线、资源利用上线。

第 15 课　建设美丽中国

素养提升

(1)明确责任，不断学习提高认识。同一个世界，同一个地球，保护人类共同的家园是每个人应尽的责任和义务，作为建设生力军的青年更是应该义不容辞。我们应该主动学习，认真钻研，通过学习科学知识，主动接受环保教育，不断提高自身思想认识，更好地发挥青年在环保事业建设中的重要作用。(2)筑牢根基，以先进思想武装头脑。思想是行动的指南，青年应该牢牢把握生态环境保护的政治站位，始终把生态环境保护摆在重要位置。只有深入理解“绿水青山就是金山银山”这一新发展理念的重要科学内涵，明白其理论内容和现实意义，不断以先进思想武装头脑，才能筑牢生态环境保护的精神高地，更好地为生态环境保护工作助力。(3)敢于担当，用积极行动践行使命。青年应该担当起时代赋予的使命，从身边的小事做起，积极投身志愿服务，广泛开展环保知识宣传，积极发挥示范影响作用，引导身边群众提高环保意识，共同参与环境保护，引领我国环保事业建设开辟新境界、迈上新台阶。(4)生逢其时，重任在肩。作为新时代青年，我们应该加强学习，坚定思想，担当使命，为建设人与自然和谐共生的现代化国家奉献我们的热血和青春。

习题演练

一、填空题

1.改善水环境质量

2.陆源污染物;海洋自然保护区

3.土壤

4.预防为主;保护优先

5.系统观念

6.依靠制度

7.生态文明建设

二、选择题

1.B【解析】根据材料可知,世界上可以被利用的矿产资源中,我国拥有绝大多数,但是人均耕地、人均淡水资源、人均煤炭储备量均达不到世界平均水平,这表明我国自然资源总量大,种类多,但人均占有量少;我国必须节约资源,合理开发利用资源,②④正确。我国自然资源不是取之不尽,用之不竭的,①错误。材料未涉及我国面临严重的环境污染问题,③错误。故 B 项正确,ACD 项错误。

2.D【解析】根据教材可知,我国坚持依法治国的基本方略,但国家的法律法规对烟花爆竹的燃放未作全面禁止规定,所以全面禁燃是无法可依的,其没有坚持依法治国;限时限地燃放,既保护优秀传统民俗,又坚持了绿色发展道路,是适应现代社会需求的最优解,②④正确。"从根本上解决"说法太绝对,全面禁燃只能缓解环境污染问题,①错误。不能毫无限制地自由燃放,应该是限时限地燃放,③错误。故 D 项正确,ABC 项错误。

3.D【解析】根据材料可知,《节约用水条例》是我国首部聚焦节约用水的行政法规,说明国务院公布《节约用水条例》是推进生态文明建设、保护环境的应有之义,有利于解决水资源短缺制约经济社会发展的问题,③④正确。"确保"说法太绝对,夸大了该条例的作用,①错误。保护环境是公民的法定义务,不是基本义务,②错误。故 D 项正确,ABC 项错误。

4.A【解析】根据材料可知,我国人均资源占有量少,开发难度大,总体上资源紧缺;大气污染、水污染、土壤污染等各类环境问题时有发生,反映出我国面临严峻的资源环境形势,B 项 C 项观点不全面,排除,故 A 项正确。改革开放以来,我国经济快速增长,而非发展缓慢,故 D 项错误。

5.D【解析】根据材料可知,我国保饭碗的耕地数量正在减少,局部质量也在变差,一些重点流域水污染严重,反映我国面临的耕地资源形势非常严峻、生态环境形势仍不容乐观,故 D 项正确。材料中没有体现国家经济社会发展受环境制约,A 项排除。我国是资源大国,人均耕地占有量较低,B 项排除。"彻底"说法太过绝对,C 项排除。

6.B【解析】根据教材可知,坚持教育优先发展有利于解决人口素质偏低问题,实施三孩生育政策有利于解决老龄化加剧问题,故 B 项正确。解决食品安全问题,应该坚持依法治国,A 项排除。积极构建"两型"社会,促进经济健康可持续发展,可以解决环境问题,不能解决区域发展不平衡问题,C 项排除。发展方式粗放落后,经济结构不合理,应该调整经济结构,促进产业升级,D 项排除。

7.D【解析】根据材料可知,中国有 1/5 的城市人口居住在空气污染严重的环境中,这表明我国部分城市环境问题严重,环境形势不容乐观。故 D 项正确,ABC 项错误。

8.A【解析】根据材料可知,我国采取阶梯电价和惩罚性电价机制,体现了我国实施可持续发展战略,符合全面推进依法治国的要求,有利于节约资源、保护环境,①③④正确。材料针对的是我国能源紧张问题,没有体现环境保护工作任务艰巨的问题,②错误。故A项正确,BCD项错误。

9.D【解析】根据材料可知,共享快递盒的应用是建设资源节约型社会的需要,有利于缓解我国资源紧缺状况,③④正确。①没有认识到共享快递盒的意义,错误。我国科技自立自强的实现在材料中并未体现,②错误。故D项正确,ABC项错误。

10.C【解析】搭建生态文明建设的"四梁八柱"体现了为生态文明建设提供制度保障,故C项正确,ABD项错误。

三、简答题

1.建设美丽中国的主要任务包括:推进绿色发展,着力解决突出生态环境问题,加大生态系统保护力度,改革生态环境监管体制。

2."绿水青山就是金山银山"这句话深刻揭示了生态环境保护与经济社会发展之间的辩证关系。一方面,良好的生态环境是经济社会可持续发展的基础,保护生态环境就是保护生产力;另一方面,生态优势可以转化为经济优势,生态环境本身就具有巨大的经济价值,发展生态产业、绿色产业可以实现生态与经济的良性互动。

3.作为一名中职学生,可以为建设美丽中国作出以下贡献:树立生态文明意识,增强环保观念;在日常生活中,节约用水、用电,减少浪费,践行绿色生活方式;积极参加学校和社会组织的环保活动,如植树造林、垃圾分类等;宣传环保知识,带动身边的人共同参与生态文明建设。

四、论述题

要在全社会形成生态文明建设的良好氛围,可以从以下几个方面入手。(1)政府要发挥主导作用,加强生态文明建设的顶层设计,制定完善的政策法规,加大生态环境保护投入,加强监管力度。同时,通过宣传教育等方式,提高公众对生态文明建设的认识和重视程度。(2)企业要履行社会责任,积极推进绿色生产,采用环保技术和工艺,减少污染物排放,发展循环经济。同时,加强企业内部的生态文化建设,提高员工的环保意识。(3)社会组织要积极参与。环保组织、志愿者团体等社会组织可以开展各种形式的环保活动,宣传环保知识,监督企业和政府的环保行为,推动生态文明建设。(4)公众要树立生态文明意识,从自身做起,践行绿色生活方式,如节约用水、用电,减少使用一次性用品等。同时,积极参与环保活动,监督身边的环境问题,为生态文明建设贡献自己的力量。总之,只有政府、企业、社会组织和公众共同努力,才能在全社会形成生态文明建设的良好氛围,建设美丽中国。

五、材料分析题

1.(1)要坚持系统观念,全方位、全地域、全过程开展生态文明建设。(2)要实行最严格的生态环境保护制度,同时加快制度创新,使制度得到有效执行。杭州市就通过构建相对系统完备、科学规范、运行有效的生态文明制度体系,并有效执行该制度,进而促进生态保护。(3)要完善立法、严格执法,加强法治保障。依靠法治,杭州市实现了由政府单一立法模式向政府立法与社会立法相结合模式的转变;通过跨部门联合"双随机"抽查监管加强了环境保护。(4)要充分发挥人民群众的力量,注重公众参与的积极性,鼓励全过程全民参与,有效提升环境治理能力和水平。

2.(1)践行绿色发展理念,建设生态文明,促进人与自然和谐共生,要坚持节约资源和保护环境的基本国策,使青山常在、绿水长流、空气常新;贯彻创新、协调、绿色、开放、共享的新发展理念,实现中华民族永续发展。(2)坚持走绿色发展道路,要处理好经济社会发展与生态环境保护的关系。保护生态环境就是保护生产力,改善生态环境就是发展生产力,绝不能以牺牲环境、浪费资源为代价,换取一时的经济增长。(3)坚持绿色富国,让人民群众切实感受到经济发展带来的环境效益。坚持绿色惠民,将良好生态环境作为最普惠的民生福祉,激发人民群众的绿色创造热情,实现绿色富国之梦。(4)库布齐沙漠治理的成功模式,为国际社会治理生态环境提供了“中国经验”，为实现土地退化零增长的世界目标提供了“中国方案”，也为推进人类可持续发展贡献了“中国智慧”。

结　语

素养提升

(1)坚定信念，坚守伟大理想。历史和现实都告诉我们，青年一代有理想、有担当，国家就有前途，民族就有希望。中国青年只有坚定马克思主义信仰，树立共产主义远大理想和中国特色社会主义共同理想，才能真正成为社会主义建设者和接班人。(2)甘于奉献，担当历史责任。中国的发展离不开每个青年的无私奉献和无畏牺牲的担当精神。时代在发展，中华民族伟大复兴的征程已经开启，更需要中国青年发扬奉献精神，发挥斗争力量，勇于担当时代责任，团结拼搏、意气风发地朝着第二个百年奋斗目标迈进。(3)永久奋斗，勇立时代潮头。时代赋予青年新的使命，青年需将奋斗不息的精神灌入时代发展的洪流。不积跬步，无以至千里；不积小流，无以成江海。青年要认认真真学习、踏踏实实工作、勤勤恳恳坚守、踏踏实实做人，努力成为对社会有用的人、道德高尚的人。

习题演练

一、填空题

1.中华民族伟大复兴

2.民族振兴；人民幸福

3.人民

4.人类命运共同体

5.有本领；有担当

6.国家的追求；民族的向往

7.实现中华民族伟大复兴

二、选择题

1.D【解析】根据教材可知，中华民族近代以来最伟大的梦想是实现中华民族伟大复兴，①正确。中国梦是国家的梦、民族的梦，也是人民的梦，中国梦的深厚源泉在于人民，只有同中国人民对美好生活的向往结合起来才能取得成功，不应只关注 GDP 增长速度，②错误，③正确。中国梦同世界人民的梦想息息相通，中国一心一意办好自己的事情，实现国家发展和稳定，既是对自己负责，也是为世界作贡献，④错误。故 D 项正确，ABC 项错误。

2.B【解析】根据教材可知，全面建成小康社会，基本可以解决了发展不平衡不全面不协调的问题，意味着老少边穷地区人民与全国人民一道同步实现了小康，意味着困扰中华民族几千年的绝对贫困问题得到了历史性解决，ACD 项说法正确。在全面建成小康社会的基础上再奋斗 15 年，基本可以实现社会主义现代化，而不是就能实现社会主义现代化强国目标，B 项说法错误。故选 B 项。

3.B【解析】根据材料可知，“十年来，我们经历了对党和人民事业具有重大现实意义和深远历史意义的三件大事”，这是我们坚持马克思主义和中国实际相结合，高举科学社会主义的伟大旗帜而取得的伟大成就。因此，我们要坚定中国特色社会主义道路自信、理论自信、制度自信、文化自信，以持续的接力奋斗来实现中国梦,①③正确。经过长期努力,我国进入了新时代,这是新的历史方位,但社会基本矛盾没变,②错误。我们创造了人类文明新形态,为发展中国家提供了全新选择,而不是唯一正确选择,④错误。故 B 项正确,ACD 项错误。

4.D【解析】根据教材可知,中国梦的本质是实现国家富强、民族振兴、人民幸福,也就是实现中华民族伟大复兴。故 D 项正确,ABC 项错误。

5.C【解析】根据教材可知,实现中华民族伟大复兴的中国梦,就是要实现国家富强、民族振兴、人民幸福。故 C 项正确,ABD 项错误。

6.A【解析】根据教材可知,中国梦的现实基础是实现“两个一百年”奋斗目标。故 A 项正确,BCD 项错误。

7.C【解析】根据材料可知,周其凤寄语培养“士以天下为己任”的使命感,这强调了青年人要勇于承担历史使命,体现了个人将人生理想融入社会共同理想中而形成的责任感,这就是历史使命,①③正确。个人理想和历史使命不一定总是一致的,我们应将国家的发展和民族的振兴放在首位,②④错误。故 C 项正确,ABD 项错误。

8.B【解析】根据教材可知,中国梦是国家的梦、民族的梦,归根到底是人民的梦。人民是中国梦的创造者和享有者,②正确。中国梦把国家的追求、民族的向往、人民的期盼融为一体,成为中华民族团结奋斗的最大公约数和最大同心圆,④正确。①③项在材料中均未体现。故 B 项正确,ACD 项错误。

9.C【解析】根据材料可知,我国在维护世界和平与发展中谋求自身发展,又以自身发展维护世界和平与发展,这体现了中国梦与世界人民的梦想息息相通。中国梦不仅对中国人民有益,也对世界和平与发展有利,是中国人民和世界各国人民的共同福祉,②③正确。中国梦归根到底是中国人民的梦,不是奉献世界的梦,①错误。中国梦是中国人民的梦,不是世界各国的梦,④错误。故 C 项正确,ABD 项错误。

10.A【解析】根据教材可知,青年重任在肩,中华民族伟大复兴的中国梦终将在一代代青年的接力奋斗中变为现实。故 A 项正确,BCD 项错误。

三、简答题

1.实现中华民族伟大复兴的中国梦,就是要实现国家富强、民族振兴、人民幸福。(1)国家富强,就是要在全面建成小康社会基础上,全面建成富强民主文明和谐美丽的社会主义现代化强国。(2)民族振兴,就是要使中华民族更加坚强有力地自立于世界民族之林,为人类作出新的更大的贡献。(3)人民幸福,就是要坚持以人民为中心,增进人民福祉,促进人的全面发展,朝着共同富裕方向稳步前进。

2.中国梦同世界人民的梦想息息相通。中国一心一意办好自己的事情,实现国家发展和稳定,既是对自己负责,也是为世界作贡献。中国将同国际社会一道,推动构建人类命运共同体,建设持久和平、普遍安全、共同繁荣、开放包容、清洁美丽的世界,为人类和平与发展的崇高事业作出新的更大贡献。

四、论述题

青年要主动成为实现中华民族伟大复兴的生力军,自觉肩负起国家和民族的希望,敢于有梦、勇于追梦、勤于圆梦,成为有理想、有本领、有担当的时代新人。(1)有理想。理想是奋斗方向,是旗帜。要树立共产主义远大理想和中国特色社会主义共同理想,立志肩负起民族复兴的时代重任,把爱国情、强国志、报国行融入青春血脉,志存高远,以技能成才、技能报国为努力目标,在脚踏实地的实践中,成为拥有一技之长的有用人才,使中国制造更多走向优质制造、精品制造,使中国服务塑造新优势、迈上新台阶。(2)有本领。学习知识与练就本领是新时代青年成长的重要内容。要立志追求人无我有、人有我优、技高一筹的境界,勇做走在时代前列的奋进者、开拓者、奉献者,毫不畏惧面对一切艰难险阻。要增强学习紧迫感,努力学习马克思主义立场观点方法,努力掌握科学文化和专业技能,提高职业素养,在学习中增长知识、锤炼品格,在实践中增长才干、练就本领，以真才实学服务人民，以创新创造贡献国家。(3)有担当。每一代青年都有自己的际遇和机缘，强烈的责任意识是新时代青年的奋斗源泉，是推动青年成长成才的不竭动力。要积极弘扬劳模精神、劳动精神、工匠精神。努力成为爱党爱国、拥有梦想、遵纪守法、具有良好道德品质和文明行为习惯的社会主义合格公民，成为爱岗敬业、诚信友善，具有社会责任感、创新精神和实践能力的高素质劳动者和技术技能人才，成为中国特色社会主义事业合格建设者和可靠接班人。

五、材料分析题

1.(1)国家富强是中国梦的实现基础。国家富强，民族振兴才有坚实的基础，人民幸福才有根本的保障。(2)民族振兴是中国梦的核心内容。中国梦是中华民族觉醒和崛起之梦，中国梦所要实现的正是要让中华民族再次屹立于世界民族之林，将自立、自强的面貌呈现给世界人民。(3)人民幸福是中国梦的奋斗目标。人民是中国梦的主体，是中国梦的创造者和享有者，国家富强与民族振兴的最终落脚点都是人民幸福。只有人民过上了幸福的生活，民族才会振兴，国家才能真正强大。

2.(1)我们党自成立之日起，就始终把青年看作是祖国的未来、民族的希望，始终高度重视青年工作。在党的领导下，一代又一代中国青年满怀对祖国和人民的赤子之心，积极投身中国特色社会主义建设的伟大事业，以实现中华民族伟大复兴为己任，志存高远，脚踏实地，自觉把自身的前途命运同国家和民族的前途命运紧紧联系在一起。(2)奋斗是青春最亮丽的底色。尽管如今我们的生活条件好了，但奋斗精神一点都不能少，中国青年永久奋斗的好传统一点都不能丢。新时代中国青年要勇做走在时代前列的奋进者、开拓者、奉献者，毫不畏惧面对一切艰难险阻，在劈波斩浪中开拓前进，在披荆斩棘中开辟天地，在攻坚克难中创造业绩，用青春和汗水创造出让世界刮目相看的新奇迹。